AF456079

LE

FUSIL DE GUERRE

PARIS, IMPRIMERIE LUTIER - WIESENER ET Ce, RUE DELABORDE, 34.

LE

FUSIL DE GUERRE

DIALOGUE ENTRE

UN JEUNE CAPITAINE DE LA GARDE NATIONALE MOBILE

ET

UN VIEUX CAPITAINE DE L'ARMÉE

PAR

THÉODORE FIX

CAPITAINE D'ÉTAT-MAJOR

PRÉLIMINAIRES. — ENSEMBLE DU FUSIL; BALLE. — VITESSES INITIALES; TRAJECTOIRES; CANON. — TIR; HAUSSES. — POUDRE; CARTOUCHES. ARMES SE CHARGEANT PAR LA CULASSE. — FUSIL FRANÇAIS ET FUSILS ÉTRANGERS COMPARÉS. TACTIQUE NOUVELLE.

PARIS

CH. TANERA, ÉDITEUR

LIBRAIRIE POUR L'ART MILITAIRE LES SCIENCES ET LES ARTS

Rue de Savoie, 6.

—

1869

AVERTISSEMENT

Le fusil, surtout depuis le jour où la grandeur inattendue du rôle qu'il a joué a concentré sur lui tous les regards, a fourni le sujet d'une foule de publications excellentes. Les auteurs, hommes spéciaux pour la plupart, se sont adressés au monde militaire, au monde industriel, et ont cherché, ou à y faire prévaloir leurs idées, ou à y répandre le fruit de leur expérience et de leurs observations.

Leurs travaux ne conviennent malheureusement qu'à un public restreint, parce qu'ils ont des allures scientifiques.

et parce que la forme technique, qui affirme leur valeur, les empêche de se vulgariser.

Il semble donc y avoir là une anomalie et une lacune; sans avoir la prétention déplacée d'y remédier, nous avons voulu au moins risquer un essai.

Expliquer par quels travaux on est arrivé à la création des armes modernes; définir les conditions que celles-ci peuvent et doivent remplir; fixer les idées et aider le jugement, en présentant un certain nombre de types pouvant servir de termes de comparaison, tel a été notre but.

L'entreprise ne laissait pas que d'offrir quelques difficultés; nos seules forces nous eussent trahi et nous avons dû recourir aux lumières de personnes compétentes que nous remercions ici. M. le capitaine d'artillerie Lefévre, professeur à l'école du tir de Châlons, nous a notamment, avec une extrême obligeance, donné une foule de renseignements relatifs aux armes étrangères et des documents précieux. Enfin, bien que la question du fusil soit très-avancée, beaucoup de points de détail restent encore un peu obscurs; par suite, la plus grande circonspection nous était commandée en tout ce qui s'y rapportait, afin qu'on ne nous supposât pas, bien à tort, l'écho d'appréciations plus autorisées que les nôtres.

Peut-être trouvera-t-on que la forme dialoguée s'adapte mal à une exposition de principes et de faits. Sans doute, les sujets sérieux s'accommodent rarement du ton léger; mais il en est de tellement arides, comme celui-ci, que le biais plus ou moins heureux choisi pour éviter l'ennui sera, nous l'espérons, jugé avec indulgence.

T. F.

Paris, le 1er août 1869.

LE
FUSIL DE GUERRE

DIALOGUE

Entre un jeune Capitaine de la Garde Nationale Mobile et un vieux Capitaine de l'Armée.

I

PRÉLIMINAIRES

— Vous m'avez offert d'entreprendre mon éducation militaire, mon cher capitaine; êtes-vous disposé à la commencer ?

— Avec grand plaisir, collègue, je vais vous indiquer les livres qu'il vous faudra lire. Vous avez d'abord tous les règlements sur les manœuvres et sur le tir, puis une collection de petites brochures intitulées : *Conférences régimentaires* ; il y a des cours sur les armes portatives; un gros volume intitulé : *Rapport de la Commission militaire à l'Exposition*; il y a......

— Il y a que je n'ai ni le temps ni la volonté de courir après tout cela, et que si vous me refusez votre secours, je ne saurai jamais rien !

— C'est bien de l'honneur que vous me faites; je l'accepte, à une condition cependant.

— Laquelle?

— C'est que vous abandonnerez pour un instant cette manie d'opposition qui désole si fort votre respectable père.

— Comment, je......

— Mon Dieu! le Français est taquin; il frappe à droite, à gauche, pour se distraire. Si, en 1865, par exemple, « toute l'armée » eût reçu un fusil excellent qu'on connaissait déjà à cette époque, la nation la plus logique et la plus spirituelle du monde eût chicané sur la valeur de l'innovation; elle eût invoqué les droits de l'humanité foulée aux pieds par des caprices homicides; elle eût regimbé contre l'énormité de la dépense. Mais lorsque la victoire inattendue de la Prusse sur l'Autriche plongea tout à coup la France dans la stupeur, il n'y eut qu'un cri : l'incurie du gouvernement! Et des commentaires dans le genre de ceux-ci : Ah! si l'on avait eu le fusil à aiguille! La routine des armes savantes nous laisse dans une infériorité honteuse! etc. Bref, le fusil à aiguille étant devenu roi de l'époque, c'était à qui s'inclinerait le plus bas devant lui; ceux qui n'avaient pas été plus clairvoyants que le gouvernement, en arquebuserie comme en politique, étaient les plus enragés. Le Chassepot surgit alors avec une promptitude......

— Médiocre!

— Médiocre au gré des impatients, mais étonnante pour ceux qui savent les obstacles que rencontre la création d'une bonne arme de guerre et les travaux véritablement immenses qu'elle comporte.

— Mais j'ai entendu dire que certaines armes de guerre laissaient le Chassepot loin derrière elles.

— Pouvez-vous accepter une semblable assertion sans examen? Il me semble que quand on admet que de la forme d'un engin de destruction dépend le sort des peuples, il serait bon que chacun connût exactement la valeur relative de l'arme, destinée à perpétuer notre gloire ou à s'abîmer avec elle!

— Mais il faut pour cela des connaissances techniques que ni moi ni bien d'autres ne possédons.

— J'espère vous prouver que vous êtes dans l'erreur.

— Je ne demande pas mieux.

— Vous savez que les armes à feu ont des témoignages plus ou moins authentiques de leur antiquité. Selon Moritz-Meyer, écrivain allemand du commencement de ce siècle, les livres sacrés des Indous les mentionnent confusément. Le jésuite Gaubil affirme que les Chinois des premiers siècles de l'ère chrétienne en faisaient depuis longtemps usage.

— Alors vous seriez assez disposé à croire que les Chinois sont venus aider les Parthes à détruire les légions romaines; différents passages de la vie de Crassus par Plutarque prêtent...

— A cette plaisanterie. Quoi qu'il en soit, les armes à feu n'apparurent réellement en Europe qu'à la fin du quatorzième siècle. Loin de faire un chemin rapide, elles rencontrèrent des obstacles de bien des sortes, leur adoption ne fut que progressive, de même que la révolution qu'elles apportèrent dans l'art de la guerre.

— Je me rappelle, en effet, avoir lu dans Montaigne : « Les armes à feu sont de si peu d'effet, sauf l'étonnement des oreilles, qu'on en quittera l'usage. » Je sais aussi que le maréchal de Saxe les considérait comme inférieures aux armes blanches.

— Vous voyez bien ; mais ce qui vous surprendra davantage, c'est l'opinion de Guibert, du lieutenant-général Guibert, qui écrivait son *Traité de tactique*, en 1773, traité que Frédéric II mettait au très-petit nombre des livres dont il conseillait la lecture à un général, et dont Napoléon disait : C'est un livre propre à former les grands généraux. Guibert, l'un des rédacteurs des règlements modernes, avançait que les armes à feu avaient retardé les progrès de la tactique !

— Je m'explique à la rigueur les hésitations et les divergences du passé ; mais celles des dernières années !

— Elles tiennent exactement aux mêmes causes. Le fusil

est un instrument à la fois très-compliqué et essentiellement perfectible. Sa construction rationnelle exige la connaissance d'une foule de principes de physique et de mécanique auxquels le calcul est venu donner, seulement au siècle dernier, l'appoint de son puissant secours. Il fallait bien que les difficultés fussent grandes, puisque, pendant deux cents ans, le fusil à pierre est resté le type de l'arme de guerre. Jusqu'au dix-neuvième siècle, on ne sut rien ou à peu près rien d'exact sur les mouvements des projectiles. Dans l'origine, le fusil était lourd, et avant tout on se préoccupa de le soutenir et de l'alléger. On se figure volontiers, en soupesant les vieux mousquets, que les hommes d'autrefois étaient plus robustes que ceux d'aujourd'hui.

— J'en suis convaincu.

— Les soldats, peut-être; ils étaient autrement recrutés et s'adonnaient davantage aux exercices du corps. Cela ne les empêchait pas de trouver leurs armes à feu beaucoup trop pesantes. La meilleure preuve en est, que le poids qui avait commencé par être de sept, huit et dix kilogrammes, diminua rapidement jusqu'à moins de cinq. Descendu alors aux limites moyennes qui conviennent aux forces de l'homme, il resta à peu près stationnaire. Après la difficulté du transport, il y avait celle de l'inflammation de la charge. On employa d'abord la mèche.

— N'a-t-elle pas été conservée pour les gros canons jusque vers 1840?

— Précisément, c'est-à-dire pendant 500 ans. A la mèche succéda le rouet; c'était le nom que l'on donnait à une roue d'acier raboteuse tournant contre nne pierre à feu; le nom de l'armurier de Nuremberg qui l'inventa n'est pas parvenu à la postérité, comme y arrivera sans doute celui de M. Chassepot : la gloire de ce monde est passagère. Le rouet, lourd et délicat, fut supplanté par la batterie à silex, imaginée également par un armurier de Nuremberg, disent les uns, par Gustave-Adolphe, disent les autres.

— Décidément, depuis Berthold Schwartz, les Allemands

étaient prédestinés à fournir au monde des inventions meurtrières.

— Et nous à les appliquer et peut-être aussi à les perfectionner. Le mousquet avait bien solidement établi sa prédominance, cependant, les soldats d'infanterie qui en étaient pourvus, tout en ayant une honorable confiance dans leurs camarades, les piquiers chargés de les appuyer, trouvaient qu'il était dur de rester désarmés au moment où l'ennemi les abordait, à moins de porter tout un arsenal avec soi. Vers 1670, la baïonnette prit faveur et modifia cet état de choses. On n'est d'accord, ni sur la date, ni sur l'auteur, ni sur le lieu de l'invention. Ce qu'il y a de plus probable, c'est qu'elle est née de l'industrie du soldat.

— Comme je l'ai entendu raconter de la tente-abri.

— C'est tout naturel, le soldat a pour sa peau une tendresse qui lui ouvre l'esprit. La première baïonnette, munie d'un manche en bois, ne pouvait rester à demeure au bout du canon ; l'organisateur de l'infanterie de Louis XIV, le colonel Martinet, imagina la baïonnette à douille ; ce fut un grand pas ; l'arme du soldat devint complète et l'infanterie moderne fut entièrement constituée.

— Le colonel Martinet avait un nom fait exprès pour la discipline.

— On lui doit un cousin du chat à neuf queues des Anglais, un instrument qui a conservé le nom de l'inventeur et qui sert encore à épousseter les capotes après avoir servi à... à...

— Epousseter les épaules !

— C'est cela. Frédéric II, en donnant à ses troupes une baguette cylindrique, qu'il n'était pas besoin de retourner pour bourrer, obtint une rapidité de tir qui lui assura plus d'une fois l'avantage. Il fut le chef de l'école de la précision et de l'ensemble automatique, qui perd, depuis nos guerres d'Afrique, une partie de la faveur qu'elle avait eue, pour céder la place aux partisans de l'aisance et de la célérité individuelles.

L'adoption universelle des armes de guerre à percussion,

des armes rayées et de celles se chargeant par la culasse vient d'avoir lieu dans un temps relativement très-court et doit être comptée pour une seule des phases que le fusil a successivement traversées. Or, la forme qu'il vient de revêtir, peut être considérée comme le dernier mot de la science actuelle, le résumé complet des découvertes, des études et de l'expérience de plusieurs siècles; il n'était pas possible d'en dire autant d'aucune des armes de guerre en usage ou même seulement essayées dans le demi siècle qui vient de s'écouler.

— D'après cela, vous pensez qu'on ne réussira pas à apporter au fusil, si ce n'est d'ici à un moment très-éloigné, des changements ou des perfectionnements?

— Non, à moins que cela ne soit pour les détails, car on doit considérer le type général de l'arme comme à peu près fixé.

— Cependant chaque jour amène des découvertes et des inventions nouvelles; si on consent à dépenser cinquante millions, toutes les fois que...

— Les inventions véritables sont fort rares. Quand il s'en produit une, elle n'apparaît pas tout armée comme Minerve sortant du cerveau de Jupiter; elle éclot chétive et grandit laborieusement à l'aide du temps et de l'expérience. Dans le fusil moderne de guerre, toutes les inventions connues ont été combinées précisément à l'heure où elles touchaient de bien près à la perfection; toutes les idées appliquées à la construction du fusil actuel sont très-anciennes, mais ne sont arrivées que lentement à maturité. Les rayures du canon, ont été inventées par l'armurier viennois Gaspard Zoellner en 1498, et améliorées à Nuremberg, en 1550, par Danner. Henri II possédait un fusil se chargeant par la culasse; une ordonnance d'août 1669, interdisait à toute personne, sans distinction de qualité, l'usage des armes brisées par la crosse. Maurice de Saxe avait pour son régiment de dragons des mousquetons se chargeant par la culasse, qu'il appelait des *amusettes*. Les poudres fulminantes datent de 1786. Des cartouches portant la capsule ont été présentées à l'Exposition de 1823 par MM. Leroi et Pottel.

— On a bien raison de dire qu'il n'y a rien de nouveau sous le soleil. Je me rappelle effectivement avoir vu au musée de Cluny une vieille arquebuse courte à huit ou dix coups, rappelant tout à fait le fusil ou le pistolet revolver. J'ai aussi été frappé par deux passages qui me sont tombés sous les yeux, tandis que je faisais des recherches dans de vieux journaux. En 1826, un orateur affirmait à la Chambre des députés que « dans l'épreuve présidée par le général Wellington, le fusil *à vapeur* à la Perkins avait tiré deux cent cinquante coups par minute. » *Le Siècle* du 28 août 1836 dit : « Dans une exposition d'objets d'industrie (!), à Londres, il y a un fusil à vapeur qui décharge soixante-dix balles en quatre secondes, et il est possible de tirer successivement ou à la volée quatre cent vingt balles en une minute, ou vingt-cinq mille balles en une heure. Le canon tourne sur pivot et peut prendre toutes les directions comme le jet d'une pompe. »

— Je crois que vous faites entrer des canards dans la généalogie des mitrailleuses.

— Enfin, d'après vous, le fusil moderne serait une arme parfaite ?

— Entendons-nous. On peut lui donner presqu'à volonté telle ou telle qualité, mais on ne peut les lui donner toutes à la fois au même degré, parce qu'elles s'excluent mutuellement. C'est ce qui explique la variété des modèles adoptés par les différents Etats, selon le point de vue auquel ils se sont mis. Nous allons rechercher si la pondération a été plus heureusement établie dans le modèle français que dans les modèles allemands ou anglo-américains.

— Je ne pourrai vous suivre, si vous ne m'exposez d'abord les conditions imposées à une bonne arme de guerre, les propriétés qu'elle peut recevoir et les règles qui en résultent.

— Ce sera un peu long ; c'est un sujet qui occupe une commission d'expérience permanente, composée d'officiers d'artillerie et d'infanterie opérant à Vincennes. Depuis sa création, elle a fait tirer devant elle des millions de coups de fusil, et chaque coup a été l'objet d'annotations et d'observations particulières.

— C'est une besogne bien fastidieuse.

— Oui, mais elle fournit aux méthodes mathématiques les données les plus inattaquables. Voici... Vous faites la grimace d'un homme qui va avaler une médecine?

— Je concentre mon attention, continuez!

II

ENSEMBLE DU FUSIL ; BALLE.

— Le fusil de guerre se divise en trois parties : la *baïonnette*, le *canon*, auquel nous pouvons rattacher le mécanisme de l'arme, c'est-à-dire la platine et la culasse fixe ou mobile, le *bois*, auquel se rattachent les garnitures. Ces parties, solidaires les unes des autres, sont dans des conditions déterminées de dimension et de poids.

L'arme devant servir de pique, il y a intérêt à lui donner la plus grande longueur possible, afin que les rangs soient mieux couverts ; il est démontré par l'expérience qu'on ne peut dépasser 1 m. 90 c. sans exposer les hommes de taille moyenne, à se gêner mutuellement, à ne plus pouvoir exécuter l'escrime à la baïonnette, et à se fatiguer beaucoup dans la position de : *en joue*. D'autre part, la crosse ne pouvant varier que dans de faibles limites, il en résulte que plus on allongera le canon, plus la baïonnette sera courte, et que plus le canon sera court, plus la baïonnette devra être longue. Ainsi le sabre des cent-gardes, d'une longueur de lame de 1 m. s'adapte à leur mousqueton, et produit ainsi une sorte de lance de 2 m. 20 c. assez bien en main pour des soldats de très-haute stature.

La baïonnette est, ou une baïonnette proprement dite, comme elle l'est restée jusqu'en 1866, ou un sabre-baïonnette. Dans l'un et l'autre cas sa direction est telle, qu'elle vient en arrière passer entre les deux mains du fantassin qui lance le coup d'estoc. De plus, dans le sabre-baïonnette, le tranchant présente une courbure qui favorise le coup de taille ; il faut encore, lorsqu'on charge l'arme par la bouche, que la main qui tient la baguette ne soit pas exposée à être blessée en bourrant, sans que cependant la tige (*le coude*) qui écarte la lame du canon soit trop longue, ce qui en compromettrait la solidité. De là toutes ces inflexions du sabre-baïonnette qui, loin d'être une affaire de caprice, sont soigneusement calculées.

— J'avais toujours pensé qu'elles n'avaient d'autre but que de lui donner un aspect plus flamboyant !

— Afin d'effrayer l'ennemi, selon les us et coutumes des Chinois; non pas. Il est impossible de faire un sabre-baïonnette aussi léger qu'une baïonnette simple, malgré les évidements en gouttière qu'on y pratique, et si on y arrivait, ce sabre serait absolument mauvais comme arme de taille, celle-ci, en principe, devant avoir un peu de masse. Les chasseurs à pied, qui sont des hommes vigoureux et choisis, ont toujours tiré à contre-cœur et moins bien avec le sabre au canon, parce la mise en joue devient incertaine et pénible. Il en est actuellement de même pour toute notre infanterie, depuis qu'elle a reçu le sabre-baïonnette avec le fusil dit Chassepot, que nous appellerons à l'avenir fusil modèle 1866. Aussi on a établi la règle que les tirs s'exécuteraient sans baïonnette.

— Il me semble que c'est retourner en arrière et retomber dans les inconvénients de la baïonnette à manche de bois.

— Evidemment. Alors pour atténuer la gravité de cette singulière innovation, on a dit que le soldat aurait toujours le temps d'ajuster la lame au canon, lorsqu'après un tir rapide il se verrait près d'être abordé par la cavalerie.

— Quel est donc le motif de l'adoption du sabre-baïonnette ?

— C'est qu'en France la grenouille veut se faire aussi grosse que le bœuf ; on ne se contente pas d'être, on veut paraître. Le *lignard* enviait la désinvolture allègre du *vitrier* et du *chacal*, et on a cru qu'en flattant l'amour-propre du soldat, en le débarrassant du lourd sabre des sous-officiers et des compagnies d'élite, on compenserait les défectuosités bien connues du sabre-baïonnette.

— Vous avez traité bien dédaigneusement nos héroïques guerriers.

— Moi, non ! Le lignard, qui appelait le zouave *chacal* à cause de ses instincts maraudeurs, s'est vu traiter de *méfiant* et de *carapata*. Le chasseur à pied, qui reposait son sac pendant les haltes sur sa carabine courte, se baptisait lui-même *vitrier*, et la bonne humeur du soldat ne se gêne pas pour infliger des sobriquets aux régiments. Le N[e] ayant été échaudé par les Arabes dans une surprise, ne marchait plus sans avoir la baïonnette au canon, ce qui est contre les usages. C'était le *N[r] baïonnette au canon.*

— J'espère que la garde nationale mobile aura bientôt un honorable surnom.

— Prenez garde aux loustics ! Avant de passer à l'examen du canon, je veux vous dire quelques mots du bois et de la couche. Le bois ne sert pas seulement à réunir les diverses pièces de l'arme, il fournit encore au canon une protection efficace à peu près inutile aux armes de chasse. Quant à la couche ou partie du bois qui s'étend de l'extrémité de la crosse à la détente, les disciples de St-Hubert diffèrent d'opinion à son égard. Selon la longueur de leurs bras et de leurs encolures, selon que la nature les a doués d'une plus ou moins belle prestance, ils demandent à leur armurier une couche plus ou moins longue et inclinée. L'Etat, qui a un million d'hommes d'espèces très-variées à contenter...

— Et qui n'y réussit guère !

— Ne plaisantons pas, ne pouvait les satisfaire tous ; il leur donne, d'après l'avis des meilleurs tireurs, des crosses longues et droites, mais pas autant que ces tireurs l'eussent voulu. En effet, il ne faut pas que les petits hommes soient exposés à tirer à bras tendu, et que ceux qui ont des cous de Cigogne visent au juger. La longueur de la couche, dans le fusil modèle 1866, a été augmentée de trois centimètres, elle est de 0m.,35 et l'inclinaison est d'environ 25° sur la direction du canon. La commodité du tireur n'est pas la seule raison qui ait influé sur la détermination de cet angle. Plus la couche est inclinée, moins le recul se fait sentir, mais alors les effets de relèvement sont bien plus grands. Si jamais vous tiriez avec un pistolet d'ordonnance, vous vous en apercevriez bien.

— Ceci me fait comprendre cette recommandation sans cesse répétée dans les tirs au pistolet: fin guidon!

— Ce qui veut dire: abaisser autant que possible le bout du canon pour atténuer les effets du relèvement. Réciproquement, les avantages des couches droites sont compensés par l'augmentation du recul qui fatigue l'homme et lui cause une appréhension qui trouble son immobilité et la régularité de sa position.

La longueur totale de l'arme ayant été réglée, il fallait s'occuper du poids.

— Il faudrait faire le fusil aussi léger que possible.

— Vous pouvez le croire au premier abord: l'escrime à la baïonnette acquerrait une grande vivacité; le soldat moins chargé pourrait recevoir plus de munitions et plus de vivres; on restreindrait le nombre des charrois; la mobilité des troupes se développerait dans une proportion considérable; les armées obéiraient à la tendance de l'esprit moderne qui cherche la rapidité du déplacement et la prompte exécution de ses œuvres.

— Même dans la destruction!...

— Mais il est indispensable que le fusil ait une certaine masse, parce que c'est de sa masse que dépendront sa justesse et sa force de projection. Un régiment composé de grenadiers de six pieds, comme ceux de Frédéric Ier, et capables de porter des fusils de 6 à 7 kilog. pourrait envoyer des balles meurtrières jusqu'à 2,000 mètres.

— Il est peu probable que la génération française qui vient fournisse beaucoup de régiments pareils.

— Bon, mais si en Suède, où la race est superbe, on adoptait un fusil auquel son poids assurerait des qualités particulières, il ne faudrait ni s'en étonner, ni s'en prendre au gouvernement, la faute en serait bien plus à nos parents qu'à nous. Il est généralement reconnu que quand le fusil pèse plus de 4 kilog. 1/2 à 5 kilog., il fatigue même des hommes vigoureux. Les premiers fusils à percussion (mod. 1842) pesaient 4 kilog. 600 avec la baïonnette et 4 kilog. 250 sans baïonnette. C'est une limite de laquelle on ne s'écarte guère.

— Vous venez de dire qu'une certaine masse était avantageuse, je ne m'en rends compte que pour la force du coup de baïonnette qui en résulte.

— Ce n'est qu'une raison secondaire, la raison principale est que le recul est d'autant moindre que l'arme est plus lourde. Supposez deux blocs de métal égaux de forme et de poids entre lesquels on aura mis dix grammes de poudre, par exemple. Si on enflamme la poudre, les deux blocs s'écarteront à droite et à gauche avec une vitesse et à une distance égales ; si l'un est vingt fois plus pesant que l'autre, il opposera une résistance vingt fois plus grande, et il sera vingt fois moins repoussé que le plus petit bloc. S'il est dix mille fois plus grand, son déplacement deviendra presque insensible.

— Je comprends maintenant le tour de force exécuté par l'homme canon; celui-ci serait jeté à terre, si au lieu de placer sur son épaule une lourde pièce dont le recul est insignifiant, il n'y mettait qu'un tube léger.

— Et l'effet est d'autant moindre que la pièce ne contient pas de projectile. Je vous citerai souvent des chiffres, je dois vous prévenir, une fois pour toutes, qu'ils ont été obtenus simultanément par le calcul et par des séries d'expériences.

Le recul maximum que l'homme puisse supporter facilement est celui dont la vitesse est de 2 mètres 70 centimètres par seconde. Un recul plus fort, comme, par exemple, celui du fusil à pierre, modèle 1822, qui est de 3 mètres, est très-fatigant et finit par blesser l'épaule. Or, pour obtenir des effets suffisamment meurtriers à de grandes distances, il faut environ 25 grammes de plomb sortant du fusil avec une vitesse initiale de près de 420 mètres par seconde. Dans ce cas, pour que le recul soit facilement supportable, c'est-à-dire de 2 mètres 50, l'arme doit peser de 4 kilog. à 4 kilog. 400. Il est vrai qu'on peut prendre des balles plus lourdes; mais alors il faut diminuer la charge pour ne pas augmenter le recul, ou des balles plus légères et augmenter les charges, pour compenser la diminution de la quantité de plomb.

— Eh bien, admettons que vous me donniez une jolie collection d'excellentes balles qui soient toutes en état de casser la tête à un homme, il me semble que je choisirais les plus légères afin de pouvoir emporter avec moi un plus grand nombre de cartouches.

— Ce n'est pas mal raisonné au point de vue des approvisionnements; mais au point de vue de la portée ce serait un tort. Dans le vide, les corps ont un mouvement indépendant de leur volume et de leur densité; dans l'air, au contraire, ils éprouvent une résistance d'autant plus grande que la différence entre leur poids et le poids du volume d'air qu'ils déplacent est plus petite.

— Je préférerais un exemple à ce théorème.

— Un boulet de huit lancé dans le vide, avec une vitesse initiale de 488 mètres par seconde, irait à 5,000 mètres; dans l'air, lancé sous le même angle, il n'ira qu'à 1,600 mètres. Un boulet de 24, lancé dans le vide avec la même vitesse et sous le même angle, irait à la même distance que le boulet de huit, à 5,000 mètres, dans l'air il ira à 2,000 mètres; celui de huit ne va qu'à 1,600.

Il n'y a que peu d'années qu'on a réussi à formuler avec précision et netteté les lois dont je viens de parler; mais on en connaissait le principe et on avait adopté depuis longtemps les balles de seize à dix-huit à la livre. Les dernières balles rondes pesaient 27 grammes et avaient un diamètre de 16 millmètres 7 environ, d'où on avait déduit le calibre de 18 millimètres pour le fusil de munition à âme lisse conservée jusqu'à l'époque de la guerre de Crimée.

— Les *rayures*, m'avez-vous dit, sont connues depuis le

commencement du quinzième siècle; la portée et la justesse qu'elles donnent aux armes sont proverbiales; comment se fait-il qu'on ait tant tardé à en généraliser l'usage? Je vous avoue aussi que j'ignore complétement pourquoi les rayures donnent cette grande précision?

— Pour répondre à vos questions, je suis obligé d'entrer dans des détails. Quand on fut parvenu à régler d'une manière à peu près satisfaisante les dimensions et le poids de l'arme, le calibre et le mode d'inflammation de la poudre, on se préoccupa d'obtenir une plus grande précision dans le tir. Pour pouvoir introduire facilement une balle sphérique dans le canon, il faut qu'elle y ait un certain jeu qu'on nomme le *vent*. Quand le tireur met en joue, la balle repose sur la partie inférieure du tube, la poudre s'enflamme, les gaz se développent, une partie s'échappe par le vent, une autre partie chasse le projectile qui va *battre* la partie supérieure de l'âme du canon, rebondit en prenant un mouvement de rotation irrégulier et effectue un plus ou moins grand nombre de *battements*, jusqu'à sa sortie suivant une direction qui ne coïncide pas exactement avec celle de l'axe du canon. Voilà une première cause de déviation; il y en a d'autres. Une balle sphérique coulée en plomb n'a jamais une forme mathématiquement régulière. Elle a des *bavures* provenant de l'excédant du métal plus ou moins bien coupé après la coulée; des *soufflures*, vides intérieurs résultant du retrait du plomb par le refroidissement. Par conséquent, la résistance considérable qu'elle éprouve de la part de l'air n'est pas uniformément répartie autour de son centre. Si elle en éprouve une plus grande à droite, elle dévie à gauche et réciproquement. Les écarts horizontaux ou verticaux extrêmes et la balle du fusil d'infanterie, tiré sur appui par d'adroits tireurs, pouvaient être de 25 mètres à la distance de 400 mètres.

— C'est énorme.

— Sans doute. Aussi les Suisses et les Tyroliens, qui firent dès l'origine usage du fusil à la chasse, étaient trop sûrs d'eux-mêmes pour croire que quand ils manquaient le but c'était faute d'adresse. Ils eurent l'idée de pratiquer dans le canon des rayures droites et d'enfoncer la balle de force. Le vent et les battements se trouvèrent supprimés, mais la déformation de la balle devenait si grande, qu'elle faisait perdre une partie de ce qu'on avait gagné. Les armuriers creusèrent alors des rayures en forme d'hélice, c'est-à-dire de... tire-bouchon...

— Je vous passe le mot !

— Qui transformèrent le canon en une sorte d'écrou à filets très-allongés. Aussitôt et sans qu'on se rendît clairement compte des motifs, le tir devint juste.

— Mais ces motifs, on les connaît maintenant ?

— Pas depuis très-longtemps. On a reconnu qu'il se passait pour la balle un phénomène analogue à celui que l'on observe dans la toupie ou la bille de billard.

Lorsqu'une toupie tourne, elle est animée d'un mouvement de rotation horizontal énergique. Si on veut la renverser sur le côté, il faut employer une force assez considérable pour changer la direction de l'axe autour duquel s'effectue le mouvement et auquel il est lié. Si on laisse la toupie tourner librement, les inégalités de pesanteur qui sollicitent sa chute à droite ou à gauche étant très-faibles par rapport au mouvement de rotation, elles demeurent sans influence sur celui-ci et la toupie reste debout.

De même, prenez une petite bille de billard. Si vous soufflez dessus, tandis qu'elle est au repos, vous la déplacerez facilement. Donnez-lui un fort mouvement de rotation sur place et vous ne la dérangerez plus en soufflant. La même chose arrivera tandis que la bille se transportera d'un point du tapis à un autre ; votre souffle qui pourra faire dévier la bille quand elle roulera naturellement, ne pourra pas modifier un *fort effet* produit avec la main ou une queue.

Lorsqu'une balle chemine dans l'air, elle rencontre des résistances inégales qui la font dévier ; mais si l'on a eu soin de la forcer dans des rayures, elle a pris un mouvement de rotation très-énergique qu'elle conserve jusqu'au but et qui lui donne plus de justesse.

— Eh bien alors quelle différence y-a-t-il entre une carabine et un fusil rayé?

— A proprement parler, il n'y en a pas. Il a toujours existé une très-grande confusion dans les dénominations des armes. Le mot italien, *fucile*, pierre à feu, resta à l'arme quand on adopta les fusils à pierre. Carabine paraît être un mot d'origine arabe, *karab* qui signifie arme courte, arme dont les cavaliers irréguliers autrefois nommés carabins, étaient armés. Les premiers fusils rayés avaient peu de longueur à cause de leur poids et pour que le forcement fut moins pénible. Ils prirent bientôt pour eux seuls le nom de carabine.

— Maintenant je voudrais bien savoir pourquoi on n'a pas armé plus tôt tous nos soldats de fusils rayés.

— Jusque vers 1840, on ne connut d'autre moyen d'obliger la balle à prendre le mouvement de rotation que de l'introduire violemment dans les rayures, afin qu'elle en contractât la forme ; cela se faisait soit au maillet, soit avec de lourdes baguettes. C'était une opération longue, difficile à pratiquer régulièrement ; le tir était lent ; le canon rapidement encrassé par la poudre ne permettait plus l'introduction du projectile au bout de quinze ou vingt coups et il fallait le nettoyer ; on craignait que le canon n'éclatât s'il n'avait pas des parois très-épaisses ; les carabines étaient lourdes ; il fallait souvent déculasser l'arme pour retirer la cartouche après les ratés ; bref, la carabine ne pouvait rendre de services, à cause de la difficulté de son maniement et de la lenteur du tir, qu'entre les mains d'un petit nombre de tirailleurs exceptionnellement bien exercés. En France, on y avait à peu près renoncé depuis l'Empire. L'invention de M. Delvigne fit disparaître tout d'un coup la plupart de ces inconvénients. La balle, d'un calibre inférieur à celui du canon, y pénétrait facilement; arrivée au fond elle rencontrait une *chambre* beaucoup plus étroite que le reste de l'âme et dans laquelle on avait versé la poudre. Quelques bons coups d'une baguette à lourde tête aplatissaient la balle contre l'entrée de la chambre et la forçaient à se mouler sur les rayures; la rapidité du chargement était obtenue, l'obligation du nettoyage fréquent évitée. La carabine à tige (Thouvenin) des chasseurs à pied était fondée sur le même principe, seulement, la balle prenait son point d'appui sur une tige centrale plus facile à fabriquer que la chambre. Dans ce système, il se trouvait encore que la balle sphérique éprouvait une déformation très-préjudiciable à la justesse du tir; on la remplaça par un projectile affectant la forme d'un cylindre terminé par un cône arrondi.

— Pourquoi arrondi ?

— Parce que toutes les arêtes vives se dégradent facilement. Ce fut la balle dite ogivale ou cylindro-conique ; elle marqua l'origine des études sur les formes des balles. Elle était très-lourde : de 48 grammes ; elle fut tirée comme les précédentes avec une arme courte à parois épaisses.

— Est-ce que l'arme courte a des inconvénients ?

— Oui, pour le premier rang qui peut être blessé ou incommodé par le feu des hommes placés en arrière. L'infanterie de ligne se formait encore sur trois rangs, les chasseurs armés de carabine ne furent placés que sur deux. Afin d'alléger un peu la balle, on eut l'idée d'y pratiquer un évidement ; on remarqua alors que les gaz se dilatant dans cet espace, l'épanouissaient et refoulaient le plomb dans les rayures : cela entraînait la suppression de la chambre et simplifiait l'entretien. On se trouva ainsi en possession d'une série de principes permettant de faire des balles tronconiques ne dépassant pas 36 grammes. Le recul se trouvant par là diminué, on pouvait alléger les armes rayées et leur donner la longueur requise par le service général de l'infanterie. Dès lors, on était en mesure de créer un armement de précision qui, par l'alliance de la simplicité et de la solidité, pouvait convenir à l'universalité des troupes de ligne. Déjà, en 1842, on avait adopté le système à percussion et transformé les armes ; une seconde transformation eut lieu en 1856 par laquelle on raya tous les canons.

— Pourquoi donc transformait-on les vieilles armes, on devait en gâter beaucoup et n'avoir qu'un résultat imparfait, il eût mieux valu les vendre et créer des armes nouvelles.

— La dépense eût été énorme et puis on entrevoyait déjà, sans les bien connaître, les changements à apporter au calibre; c'était chose trop grave pour l'entreprendre prématurément. On se borna, en conséquence, à rayer les fusils anciens du calibre 18 millimètres et à mettre les armes neuves (mod. 1857) au calibre 17 millim. 8. Là, on se heurta à de nouvelles difficultés ; les calibres des différentes armes en service (il y avait 13 ou 14 modèles) variaient de 18 millimètres 4 à 17 millimètres 6 en tenant compte des limites extrêmes de la tolérance de fabrication. On ne pouvait songer à avoir des balles différentes pour chaque modèle de fusil, de mousqueton ; il fallait trouver un projectile qui pénétrât également dans tous les canons et pût s'y forcer. On y parvint par une forme triangulaire donnée à l'évidement. Elle ramena le poids de la balle à 32 grammes, permit une grande expansion des parois, sans les affaiblir trop et prévint les déchirements du projectile dans l'intérieur du canon en même temps que les forcements imparfaits.

Pendant quelque temps on essaya une balle à culot : un morceau de bois, de terre cuite, de fer, placé dans l'évidement faisait coin. Les résultats de ces balles, quoique bons, ne furent pas de nature à les faire accepter à cause des difficultés de fabrication. Plus tard cependant, cette balle fut adoptée en Angleterre.

— Je connais un armurier fort intelligent qui prétend qu'on pourrait obtenir la rotation des balles avec des fusils lisses.

— Ce problème a beaucoup occupé les inventeurs à l'époque de la transformation des armes et s'il avait pu être résolu, on eût évité de grands frais. On a proposé divers moyens, qui se résument dans les deux suivants : l'un était de donner à la balle la forme d'une sorte d'hélice; alors en entrant dans l'air elle s'y comportait comme ces jouets d'enfant qu'on lance à quelques mètres de terre et qui retombent en tournoyant; ces balles *chaviraient*. Le second moyen était de tailler à l'arrière de la balle des crans inclinés; les gaz en les pressant agissaient comme le vent sur les ailes d'un moulin, et la balle prenait son mouvement avant de sortir du canon. Les résultats furent médiocres, et les progrès des armes de guerre ont fait abandonner depuis longtemps ce genre de recherches.

— Alors pourquoi les arquebusiers s'en préoccupent-ils toujours?

— A cause de l'intérêt qu'il peut y avoir à changer à volonté une arme de chasse destinée au petit plomb, en arme de précision tirant à balle.

— D'après ce que vous m'avez dit, on était, vers 1857 dans une période de transition. Je croyais cependant avoir déjà entendu préconiser à cette époque le chargement par la culasse.

— Oui, mais il avait peu de partisans, quoique les Prussiens l'eussent adopté depuis 1841. Les officiers d'artillerie voulaient avant tout achever de connaître les lois mathématiques du tir, convaincus que les mécaniciens sauraient résoudre pratiquement les autres problèmes.

On venait de remarquer que les balles sans évidement ni culot, lorsqu'elles étaient un peu longues, éprouvaient sur leur longueur, au moment de la déflagration de la poudre, une sorte d'affaissement qui suffisait à faire pénétrer le plomb dans les rayures. C'était là une précieuse donnée dont on allait faire usage. Je puis vous dire aussi, dès à présent, que dans les armes se chargeant par la culasse, on assure le forcement en rendant la partie postérieure de la balle un peu plus grosse que l'âme du canon; la balle du fusil modèle 1866 s'engage dans le canon par sa partie antérieure, et elle porte à sa partie postérieure un bourrelet saillant de 8 dixièmes de millimètres. Maintenant, souvenez-vous qu'à égalité de poids le projectile qui offre le moins de surface antérieure est celui qui éprouve le moins de résistance à son cheminement à travers l'air.

— Un morceau de papier roulé se lance facilement comme une flèche, tandis que s'il est déplié, c'est impossible.

— Vous l'avez dit; aussi les balles, longues relativement au calibre, ont un avantage marqué. On a donc été conduit à rechercher quelle serait la forme théorique à donner à un projectile et on a trouvé (1) que la dimension la plus avantageuse pour la balle cylindro-conique, était une longueur de deux fois et demi à trois fois le calibre. La balle Withworth, celle du fusil du génie anglais, a trois calibres de longueur; la balle prussienne ressemble à un œuf de moineau.

— Vous n'osez pas dire : à une petite prune !

— Partout ailleurs qu'en Prusse, on n'a pas voulu adopter la forme en prune (le mot vous plaît !), parce que comme elle s'altère trop, elle oblige à un artifice particulier pour obtenir la rotation : il faut fixer la balle à un culot en carton qui lui communique le mouvement en se forçant dans les rayures. Pour le calibre de 18 millimètres, la balle qui aurait deux calibres et demi de longueur pèserait 80 grammes.

— C'est évidemment beaucoup trop lourd et je comprends que la diminution du calibre devienne une nécessité. Si on adoptait 9 millimètres?

— La balle pèserait 16 grammes, et on retomberait dans les inconvénients des balles trop légères. On a trouvé que les calibres devaient être compris entre les limites de 9 millimètres 5 et 12 millimètres. L'étude se trouvant ainsi circonscrite sur un nombre restreint de balles, on devait rechercher en même temps les charges de poudre qui leur convenaient. Les effets de ces charges sont manifestés par la mesure des vitesses initiales.

---

(1) On a dit que la *forme* qui favorisait le plus la *vitesse*, c'est-à-dire qui offrait le moins de résistance à l'air, était celle d'une olive très-allongée, ayant, *en longueur*, cinq fois son plus grand diamètre, ce plus graud diamètre se trouvant un peu plus rapproché de l'avant que de l'arrière. Avec les anciens calibres, un pareil projectile eut acquis un poids énorme; pour le calibre 18mm, près d'une demi-livre : il eut fallu de 30 à 40 grammas de poudre, la cartouche se fut allongée jusqu'à 50 centimètres! pour le calibre de 11mm, la balle pèserait encore 40 grammes, la cartouche aurait 15 centimètres de long. . Mais les formes relatives à la vitesse ne sont pas les seules dont on doit tenir comptec; il y a celles qui contribuent à la *justesse*. Or, la justesse dépend de l'énergie du mouvement de rotation, et cette énergie est favorisée par la faible longueur de l'axe autour duquel le mouvement s'cxéute.

III

VITESSES INITIALES, TRAJECTOIRES, CANON

— La mesure des vitesses initiales me paraît quelque chose de prodigieux, je n'imagine pas qu'on puisse l'avoir avec exactitude.

— Vous vous trompez. L'exactitude qu'on obtient est très-grande, et elle est d'autant plus merveilleuse qu'elle repose sur l'appréciation de millièmes de secondes.

— Cela va devenir trop fort pour moi !

— Non, j'espère pouvoir vous donner une idée des méthodes. Autrefois on mettait un lourd pendule en bois devant le canon de l'arme et on tirait. Si le pendule était, par exemple, 500 fois plus lourd que la balle, la balle en s'y logeant lui imprimait une vitesse 500 fois plus petite que celle que la balle eût gardée en liberté. Si la vitesse acquise par le pendule, assez facile à mesurer par les oscillations, était de 1 mètre par seconde, on en déduisait que la vitesse de la balle eût été de 500 mètres par seconde.

L'électricité, qui fournit des indications instantanées, fit imaginer des mécanismes plus parfaits. Supposez un cylindre de 1 mètre de circonférence divisé en millimètres. S'il tourne à la vitesse de un tour par seconde, il ne faudra qu'un millième de seconde pour qu'un point de sa circonférence avance d'un millimètre. Imaginez maintenant que la balle, au sortir du fusil, heurte une détente électrique qui fasse tomber la pointe d'un crayon sur le cylindre et qu'à dix mètres plus loin elle rencontre une seconde détente qui fasse tomber un second crayon ; le nombre de millimètres compris entre les deux traits de crayon, indiquera le nombre de millièmes de secondes employées par la balle à parcourir dix mètres. La détente consiste en une grille métallique dont les fils sont assez rapprochés pour que la balle ne puisse passer sans en couper un ; alors, en rompant la communication entre deux pôles, elle ferme l'issue au courant électrique qui tient le crayon soulevé, et celui-ci tombe.

— Très-bien, mais comment s'assure-t-on de la régularité du mouvement du cylindre ?

— Ah ! c'est là le côté faible de l'appareil, et pour y remédier voici ce qu'a trouvé un officier belge, M. Le Boulengé : au lieu de faire tourner un cylindre, il laisse tomber une tige d'acier recouverte de papier sur lequel les deux crayons viennent successivement s'appuyer. L'espace compris entre les deux traits de crayons indique la quantité dont la tige est tombée, pendant que le projectile a été d'un grillage à l'autre. Comme on connaît très-exactement la vitesse de chute des corps, on déduit le temps écoulé du chemin parcouru par la tige.

— Cela est très-ingénieux.

— Sans doute. Maintenant on a trouvé que la *même* quantité d'une *même* poudre imprime toujours à un *même* poids de plomb la *même* vitesse initiale, cette vitesse initiale n'étant modifiée que plus tard par suite de la résistance de l'air et de la forme de la balle. Ainsi, en augmentant la charge, on augmente la vitesse à la sortie du canon. Cela posé, étant donnés l'arme et la balle, on aura facilement les vitesses initiales que produisent différentes charges. On essayera donc différentes armes, avec chaque arme des balles différentes de poids et avec chaque balle des charges différentes dont le maximum sera fixé par le recul qu'il ne faut pas dépasser. On aura alors une série de vitesses initiales desquelles dépendront, aussi bien que du poids et de la forme des balles, la forme et l'étendue des trajectoires.

— Qu'est-ce qu'une trajectoire ?

— Lorsque vous regardez un cantonnier préposé à l'arrosage de Paris, ou bien un pompier, diriger sur un point quelconque le jet d'eau qui sort d'une lance, vous remarquez que ce jet figure une courbe ; cette courbe est une trajectoire parfaitement analogue au chemin parcouru par la balle. Elle résulte de trois forces, de trois influences séparées. La première est celle qui chasse l'eau ; la seconde est la pesanteur qui attire l'eau vers la terre ; la troisième est la résistance de l'air qui retarde le mouvement de l'eau. Le jet, quelle que soit sa force et tant que sa direction s'écarte peu de l'horizontale, présente constamment les mêmes caractères à un degré plus ou moins prononcé. Le plus frappant est la courbure ; le second est que cette courbure n'est pas uniforme : au sortir de la lance le jet est presque droit, la trajectoire est *tendue* ; plus loin le jet s'infléchit très-sensiblement, la trajectoire est *courbe.* Enfin, dès que la courbure commence à se prononcer. elle augmente très-rapidement jusqu'à terre ; de la sorte, sa plus grande élévation au-dessus du sol est bien plus rapprochée du point de chute que du point de départ.

— Tout cela saute aux yeux.

— Il y a encore deux phénomènes faciles à observer : l'un est que si l'on prolonge par la pensée la direction de la lance, elle passera toute entière au-dessus du jet. L'autre est qu'au départ les plus petites gouttes vont aussi vite que les grosses et tout aussi droit, mais que bientôt elles sont retardées et tombent à terre les premières. Or tous les corps pesants étant soumis aux mêmes prtncipes de mécanique, ce qui se passe pour l'eau se passe aussi pour le plomb.

— Il me semble bien difficile de suivre le trajet d'une balle comme on suit celui de l'eau. Comment arrive-t-on à connaître les trajectoires des projectiles ?

— Les méthodes sont assez compliquées, je ne puis que vous les esquisser. La plus simple qui se présente à l'esprit consisterait à disposer sur le trajet présumé de la balle une série d'écrans en papier mince régulièrement espacés ; la balle y percerait une série de trous dont on déterminerait ensuite les hauteurs au-dessus du sol. Ce moyen n'est pas pratique parce que la multiplication des écrans finirait par opposer une résistance qui modifierait la trajectoire. Il faudrait aussi élever quelques-uns de ces écrans à des hauteurs de 20 à 30 mètres très-difficiles à atteindre. On se borne à un seul écran et on tire une série de coups, en ayant soin de déplacer chaque fois l'écran d'une quantité égale. On facilite son établissement par le choix d'un terrain bombé qui se rapproche de la trajectoire.

— On admet donc que deux ou plusieurs coups de fusil consécutifs donnent des trajectoires identiques?

— Pas absolument. Ce que j'appelle, pour la facilité du langage, coup de fusil n'est que la moyenne, non-seulement d'un très-grand nombre de coups du même fusil, mais encore de fusils du même modèle dont la construction ne peut jamais être identique.

— Comme cela, je comprends.

— Le calcul peut remplacer les méthodes expérimentales qu'il eût été impossible d'appliquer à la détermination des trajectoires de tous les fusils proposés et des fusils étrangers. Il suffit de connaître : 1° le calibre; 2° le poids de la balle dont la forme ne doit pas s'éloigner sensiblement de la forme type ; 3° la charge de poudre ; 4° la vitesse initiale ; 5° l'angle sous lequel l'arme est tirée ; 6° un chiffre, nommé coëfficient de réduction, représentant certaines relations à peu près constantes entre la trajectoire idéale dans le vide et la trajectoire réelle dans l'air. Voici la formule...

— Non, non, je m'en rapporte à vous !

— L'expérience et le calcul ont montré que de deux balles inégales en poids, mais de même forme et lancées avec des charges égales, la plus légère avait la vitesse initiale la plus grande et la trajectoire la plus tendue. Cependant, si elle est trop légère, il lui arrive comme pour la goutte d'eau : dès que sa trajectoire commence à se *détendre*, elle se détend très-vite et la balle tombe bien plus tôt à terre que si la première partie de la trajectoire eût été moins tendue et la seconde davantage. Cela s'explique : dès que la vitesse initiale d'une petite balle a été sensiblement diminuée, cette petite balle, comme je vous l'ai montré il y a un moment, trouve de la part de l'air une résistance qu'il lui est d'autant plus difficile de surmonter que sa masse est plus petite et elle tombe. Voulez-vous un exemple ?

— Ma foi, cela vaudra mieux que vos explications !

— Le fusil anglais Snider, du calibre de 14 millimètres 7, lance une balle de 34 grammes avec 4 grammes 43 de poudre et une vitesse initiale de 380 mètres.

Le fusil des Cent gardes, du calibre 9 millimètres, lance une balle de 11 grammes avec 4 grammes de poudre et avec une vitesse initiale de 550 mètres. Or la porté du fusil Snider dépasse 1,000 mètres tandis que celle du fusil des Cent gardes n'atteint pas 500 mètres. En revanche la balle de la dernière arme a, jusqu'à 300 mètres, une trajectoire beaucoup plus tendue que celle de la balle anglaise.

— D'après cela, je ne sais pas pourquoi on rechercherait les trajections tendues qu'on ne peut avoir qu'au détriment de la portée, ou par l'augmentation du recul. Autrefois la balle était un peu capricieuse, et on devatt désirer qu'elle s'écartât le moins possible de la ligne droite. Maintenant qu'elle est obéissante et que l'on connaît, à l'avance, exactement, le chemin qu'elle parcourra, j'aimerais, pour mon compte, pouvoir tirer de loin et me faire craindre de l'ennemi, avant même qu'il eût eu le temps de m'apercevoir.

— Ne pensez pas que ce bel instinct de conservation, soit moins développé chez les autres que chez nous, seulement savez-vous ce qui arrive avec les trajectoires courbes ? C'est que si vous vous êtes trompé le moins du monde dans l'appréciation de la distance ou dans l'inclinaison de l'arme votre ennemi n'est plus dans une zône dangereuse pour lui et peut dormir tranquille !

— Hem !

— La balle arrive très-obliquement de haut en bas. Ainsi

avec l'ancienne carabine de chasseurs, si au lieu d'estimer 450 mètres ou on estimait 400 ou 500, la balle tombait avant le but ou passait au-dessus ; à mille mètres, c'était bien pis, il ne fallait pas se tromper de 15 mètres.

— Cette difficulté de l'appréciation des distances est considérable.

— Elle n'est pas insurmontable. En rase campagne, le tireur isolé arrive à corriger son tir. Dans une place forte, le commandant a mesuré avant le siége l'éloignement de certains objets qui serviront de repère. Puis les officiers peuvent avoir une carte percée d'une fente, *la Stadia*, au moyen de laquelle ils jugent de la distance d'un fantassin ou d'un cavalier par la hauteur dont il apparaît. Cependant ce sont des moyens qu'on ne peut mettre en usage dans les circonstances ordinaires du combat.

— Je conçois que plus la trajectoire sera tendne, plus on aura de chance d'atteindre l'ennemi. Dites-moi alors jusqu'à quelle distance il est utile et possible d'avoir cette tension de la trajectoire, sans trop diminuer la portée et sans exagérer le poids ou le recul du fusil.

— Il est généralement admis qu'au-delà de 1,000 mètres, le tir ne peut avoir quelqu'efficacité que sur des masses très-profondes, telles que des colonnes de marche ou de manœuvre ; donc on peut considérer 1,000 mètres comme la limite des portées utiles. On admet également que le soldat n'aura ni le temps ni le sang-froid nécessaire pour lire les graduations d'une hausse lorsqu'il sera à moins de 400 mètres de l'ennemi ; il faut donc que la trajectoire soit très-tendue jusqu'à cette dernière distance. Avant 1865, on n'était pas parvenu à donner aux armes un tir qui dispensât le tireur de règles multipliées. Celles que le chasseur à pied devait appliquer en deça de 400 mètres étaient au nombre de sept. Il est vrai que sa balle de 48 grammes tuait un homme à 1,500 mètres.

Le fusil à âme lisse et à balle sphérique de 27 grammes tirée avec la charge très-considérable de 9 grammes de poudre, avait une grande portée, une trajectoire très-tendue, mais son recul était insupportable et il perdait toute sa justesse à partir de 200 mètres. Il était détestable pour les tirailleurs auxquels il fallait donner des carabines.

— Le fusil rayé a amené l'uniformité de l'armement et des munitions qui permettent d'employer tous les soldats à tous services. J'en comprends d'autant mieux l'utilité, que j'ai entendu raconter que pendont la campagne de 1859, certains corps autrichiens ayant reçu des cartouches préparées pour d'autres armes que les leurs, n'avaient pas pu s'en servir et avaient dû se retirer.

— Cela est exact.

— Enfin comment a-t-on résolu cette question des trajectoires?

— On a essayé des balles et des charges différentes, comme je vous l'ai dit à propos de la mesure des vitesses initiales, mesure qui sert de base à toute l'étude du tir, et on s'est arrêté aux proportions qui ont paru les plus avantageuses.

— Et quelles sont-elles pour le Chassepot?

— Veuillez dire le fusil modèle 1866. Ce sont : balle du poids de 24 gr. 5 donnant le calibre de 11 millimètres; charge de 5 gr. 50 donnant une vitesse initiale de 420 mètres et un recul de 2 mètres 60, le poids de l'arme étant de 4 kilog. 060 sans baïonnette.

— On considère cela comme la perfection?

— Certaines personnes eussent préféré une arme de même poids et d'un recul, supérieur il est vrai, mais encore fort supportable, du calibre de 11 millimètres 3, avec une balle du poids de 27 grammes, donnant une vitesse initiale de 425 mètres; ces derniers chiffres vous indiquent que la trajectoire eût été plus tendue et la portée plus grande que dans le fusil modèle 1866.

— En effet, la vitesse initiale est plus grande, ce qui rend la trajectoire plus tendue, et comme la balle est plus lourde, la portée est plus grande. Pourquoi n'a-t-on pas adopté cette arme?

— Ah! le poids des cartouches, et par suite celui des approvisionnements augmentait ; et puis c'était un fusil se chargeant par la bouche ; vous verrez aussi les difficultés très-variées qui naissent tout à coup, pour le chargement par la culasse, de la forme des cartouches et de leur longueur.

— Vous ne m'avez pas parlé de la longueur du canon.

— Elle est limitée par diverses règles. Le canon doit être, je vous l'ai dit, assez long pour que les hommes du premier rang ne soient pas incommodés par les armes du second ; il faut, dans les armes se chargeant par la bouche, qu'il soit assez court pour permettre aux petits hommes de bourrer ; il faut que le centre de grauité soit près de la main gauche qui soutient l'arme pendant le tir ou le chargement. Le fusil modèle 1822 était trop long et fatiguait. Enfin, dans l'âme du canon, la tension des gaz augmente seulement jusqu'à une certaine limite, tandis que les frottements ne diminuent pas ; donc il faudrait que la balle pût sortir du canon précisément à l'instant où elle a acquis sa plus grande vitesse.

— On ne peut pas connaître les vitesses de la balle dans l'intérieur du canon.

— Je vous demande pardon. On construit un canon très-long qu'on rogne de 10 en 10 centimètres, par exemple, et avec lequel on tire après chaque raccourcissement. On a trouvé ainsi que la balle du calibre 18 millimètres exigerait une longueur de canon de 2 mètres 15, et que pour la balle suisse du calibre de 10 millimètres, le canon devrait avoir 93 centimètres.

— A la bonne heure, les petits calibres parraissent rapprocher des conditions pratiques.

— Mon Dieu, il y a un siècle à peu près qu'on fabriquait des *canardières* de 6 mètres 48 de long, et vous en trouveriez chez nos paysans de 1 mètre 96 ; il existe de vieux fusils arabes à crosses courte dont le canon a bien près de 2 mètres : le bout de l'arme dépasse les oreilles du cheval lorsque le cavalier met en joue ; avec une arme courte le cheval est inquiété et souvent blessé.

—Les pressions des gaz étant variables, vont-elles en augmentant depuis le fond du canon jusqu'à la bouche?

— Oui, mais pas régulièrement; la mesure de ces pressions est assez difficile, il n'y a guère que le calcul qui fournisse des moyens de les apprécier.

— Elles doivent être énormes.

— Vous allez vous en faire une idée. Dans le fusil suisse, elles peuvent atteindre par centimètre carré 628 atmosphères, soit 649 kilogrammes; dans le fusil modèle 1866, 304 atmosphères, soit 313 kilog.

— C'est effrayant, je ne toucherai jamais un Chassepot!

— Cela ne sera nécessaire, vos gardes mobiles recevront un fusil transformé.

— Oui, le fusil à tabatière.

— Qu'il faut appeler fusil modéle 1867. La pression des gaz n'y est que de 73 atmosphères par centimètre carré, soit 72 kilog.

— Me voilà rassuré, cependant, comme les rayures affaiblissent l'épaisseur du métal, je serais bien aise de savoir quelque chose sur leur compte.

— Dans les premières armes, le nombre des rayures était très-considérable, de sorte qu'elles étaient peu profondes. Certaines carabines employées en Frence au siècle dernier comportaient jusqu'à 138 rayures dites *à cheveu.*

— J'ai vu des pistolets d'ordonnance que le colonel du régiment de hussards qui est en garnison chez moi, a fait faire en 1854 : ils sont à 48 rayures.

— L'encrassement rapide de pareilles armes les rend impropres au service de guerre. Au commencement de ce siècle, le nombre des rayures descendit à 12 et même à 6, maintenant il varie entre 3 et 5. Le fusil modèle 1866 en a quatre; moins il y a de rayures, plus le forcement est aisé; leur profondeur le rend plus difficile mais plus assuré. On a essayé dans les anciennes carabines de chasseurs et dans le fusil donné à la garde en 1854 des rayures à profondeur décroissante; on y a renoncé à cause des frottements. La limite actuelle de profondeur est de 3 dixièmes de millimètres. Quand à la largeur elle est, afin de prévenir les déchirements de la balle, d'autant plus grande que la rayure est plus inclinée. On fait habituellement les pleins égaux aux vides et on arrondit les creux pour que le plomb s'y introduise plus facilement.

— L'inclination des rayures a donc une grande importance?

— Oui. On la nomme *le pas*. Le pas est la longueur qu'il faut à la rayure pour faire un tour entier; il influe naturellement sur la vitesse de rotation, mais peu sur la vitesse initiale. Ainsi dans le fusil de 11 millimètres 5 de calibre, le pas peut varier du simple au double; de $0^m,80$ à $0^m,40$, sans que la vitesse initiale soit modifiée d'un centième. Dans le modèle 1866, les rayures font une révolution par chaque $0^m,50$; il s'ensuit que si la balle parcourt 420 mètres par seconde, elle fait sur elle-même 820 tours par seconde.

— C'est donc là le motif des blessures effroyables que creusent les projectiles en pénétrant dans les chairs où ils se vissent avec cette vitesse de rotation insensée! O humanité!

— Dans certains fusils américains, on a rendu le pas variable du tonnerre à la bouehe; mais cette disposition ne paraît pas présenter de grands avantoges. Le sens des rayures a une action bien plus notable sur le tir; on a cbservé dans le tir à travers écran, que le coup dévie régulièrement du même côté que le sens des rayures. D'autres part, on a remarqué que, malgré la fixité de position des soldats, le recul faisait toujours un peu pivoter le tireur de gauche à droite. Alors, afin de corriger ce dernier effet qui est très-sensible, le fusil modèle 1866 a été rayé de droite à gauche.

Les rayures sont sujettes à l'encrassement et au plombage, puis elles s'usent à la longue. Aussi on a cherché pour l'âme des canons de fusil des tracés particuliers qui puissent faire l'office des rayures sans en avoir les inconvénients. Le fusil Withworth présenté en 1857, a une âme composée de six pans auxquels on fait subir une sorte de torsion, de manière qu'ils impriment le mouvement de rotation à la balle. Le fusil Lancastre est uue façon de tube aplati et ensuite légèrement tordu. Ces armes sont difficiles à fabriquer.

— Ces détails sont très-curieux, mais j'ai peur de m'y perdre. Vous avez à peine achevé la description du petit morceau de plomb que l'on nomme balle et du tube de fer que l'on nomme canon, et je ne sais encore rien sur le tir, sur la fermeture du canon, sur l'inflammation de la charge, sur la poudre, sur les cartouches, sur la fabrication des armes, ni sur le grand objet de ma curiosité, la valeur relative des armes en usage.

— Ni sur les changement immenses qu'elles vont apporter dans la taetique, ce qui est le plus important. Eh bien ! si vous voulez, nous en resterons là?

— Non du tout !

— Prenez patience, le plus difficile et le plus ennuyeux sont faits. Je vais vous parler du tir.

IV

TIR ; HAUSSES.

— Vous connaissez les canons des invalides?

— Oui, de même que l'Hôtel et les débris qui l'habitent.

— Ceux-ci ne sont pas en cause. Vous avez remarqué que ces vieilles et magnifiques bouches à feu ont la forme d'un tronc de cône beaucoup plus volumineux à la culasse qu'à la bouche?

— Pour mieux résister au premier effort des gaz.

— Très-bien. Si la culasse était percée en arrière, et que vous puissiez regarder à travers l'âme du canon, vous verriez le palais des Champs-Elysées en face de vous.

— Sans doute.

— Tandis que si vous placiez votre œil de manière à viser le long de la partie supérieure de la bouche à feu, votre vue tomberait sur le sol de l'esplanade.

— Je le conçois.

— Cette dernière ligne, prolongée et suivant laquelle vous auriez visé, se nomme *ligne de mire.*

— De l'espagnol *mirar*, regarder.

— Un boulet sortant du canon à peu près horizontalement sous la ligne de mire, qui est inclinée, passe presqu'aussitôt au-dessus d'elle et il y reste pendant un certain temps ; mais comme la trajectoire se recourbe, le boulet finit par redescendre au-dessous de la ligne de mire, il la coupe en un second point généralement éloigné du premier et chemine en dessous d'elle jusqu'à terre. La deuxième rencontre de la trajectoire, avec la ligne de mire, se nomme *but en blanc* et sa distance de la bouche à feu, *portée* de but en blanc. Cela veut dire que si vous visiez le blanc d'un but situé a cette distance, vous le frapperiez sans avoir eu à vous préoccuper d'aucune règle accessoire.

— Vous oubliez que la ligne de mire a pénétré dans le terrain de l'esplanade...

— Cela ne signifie rien. Vous n'avez qu'à relever le devant de la bouche à feu; la ligne de mire et la trajectoire se relèveront en même temps, ces deux lignes sont solidaires de la pièce. Dans un fusil, la différence de grosseur entre la bouche et le *tonnerre*, quoique peu considérable, n'en existe pas moins. Et si elle n'existait pas, il faudrait produire une ligne de mire inclinée en ajustant une hausse à la culasse. Supposez, en effet, que l'extérieur du fusil soit un cylindre régulier, la balle qui tend à descendre restera toujours au-dessous de la direction prolongée du tube; l'œil visera un point forcément au-dessus de celui que le projectile atteindra ou de celui qu'on voudra qu'il atteigne.

— Il me paraît résulter de là qu'on peut déterminer le but en blanc à volonté en se servant de hausses plus ou moins élevées.

— Cela est vrai. Seulement le sens des mots : but en blanc est restreint; il ne s'applique qu'au but obtenu par la ligne de mire naturelle du canon à une distance dépendant de certaines conditions de la trajectoire.

— Quelles sont-elles?

— Vous comprenez que s'il y a plusieurs hausses destinées à produire plusieurs lignes de mire artificielles correspondant à autant de buts en blanc, cela exigera un petit mécanisme que le soldat sera obligé de préparer avant de tirer et après avoir apprécié la distance. Si l'ennemi est proche, le temps et le sang-froid feront défaut. Alors on règle la ligne de mire naturelle de manière que le trajectoire ne s'élève pas au-dessus d'elle de plus de 50 centimètres. Par conséquent, on sera certain d'atteindre, de la ceinture à la tête, un ennemi placé en deçà de la portée du but en blanc, et visé à la ceinture; au but en blanc, l'ennemi sera atteint à la ceinture; au delà, il y aura encore un certain intervalle le long duquel il pourra être atteint de la ceinture aux pieds Naturellement, plus la trajectoire sera tendue, plus le but en blanc naturel sera loin et plus le champ dans lequel le soldat aura chance de toucher l'ennemi sera considérable.

— Parfaitement. Et quelle est la portée du but en blanc?

— Elle varie selon la tension des trajectoires des armes. Avec le fusil modèle 1866, elle est vers 220 m., et l'homme visé à la ceinture peut être atteint jusqu'à 270 m.; avec votre fusil modèle 1867, elle est vers 200 m., et l'homme visé à la ceinture peut être atteint aux pieds jusqu'à 250 m.

— Mais quand le fantassin sera au-delà?

— Dès que le soldat armé du fusil modèle 1866 estimera que son ennemi est à plus de 300 m., comme à cette distance la trajectoire s'abaisse déjà de 2 m. au-dessous de la ligne de mire, il visera le sommet de la coiffure et aura chance de toucher aux pieds. Au-delà, s'il veut donner de la précision à son tir, il se servira d'une hausse.

— Alors, il créera un nouveau but en blanc et retrouvera à une plus grande distance les mêmes avantages qui précédemment.

— Non. Comme en se servant de la hausse, il relève le bout du canon, le point culminant de la trajectoire s'élève aussi, et le projectile arrivant plus obliquement vers le but, tombera en déçà ou au-delà de la zone dangereuse, malgré le bien visé, si la distance n'a pas été appréciée exactement. De 360 à 428 mètres, en visant à la ceinture, avec la hausse de 400 mètres, on est certain de toucher soit à la tête, soit aux pieds. La zône dangereuse a 68 mètres de long, aux environs de 800 mètres, elle n'en a plus que 26.

— Il faut que les appareils de hausse soit très-bien faits!

— C'est évident; ils doivent réunir à la solidité une construction simple, facile à réparer et ne pas gêner le maniement de l'arme. Les premières hausses consistaient en lamettes à charnière de hauteurs différentes; on n'en pouvait mettre que trois ou quatre limitant à ce nombre celui des lignes de mire; elles n'étaient pas solides. On fit ensuite la hausse à trous; c'était une lame percée de trous. Le nombre des lignes de mire était encore limité et l'œil voyait mal à travers de petites ouvertures. En Danemark et en Autriche, on a adopté la hausse circulaire; elle consiste en une lame courbe qui glisse dans une sorte de cuvette et peut la déborder plus ou moins; elle s'use vite et se détraque. Les Suisses ont pris une petite planche d'acier serrée entre deux oreilles; on en modifie la hauteur en l'inclinant plus ou moins; elle a les mêmes inconvénients que les précédentes. La hausse saxonne, fondée sur le même principe, a les mêmes défauts. La meilleure hausse est celle à curseur; c'est une lame graduée percée d'une fente le long de laquelle on fait monter et descendre un petit curseur. Elle a été adoptée pour le fusil modèle 1866; les Bavarois et les Anglais en font usage.

— Comment arrive-t-on à graduer les hausses!

— Par la connaissance des trajectoires et des dimensions des armes. On préfère cependant l'expérience directe parce qu'il y a à tenir compte du relèvement qui varie, selon les modèles, dans des proportions considérables. Il peut obliger à diminuer les hausses de quantités allant jusqu'à 2 et 3 millimètres pour les plus grandes distances. Certains fusils, très-chargés du côté de la crosse, relèveraient beaucoup trop s'ils étaient tirés avec des charges un peu fortes. Tels sont les types Peabody, Snider, Milbank, Spencer, dont je vous parlerai.

Quand il s'agira d'armes de longueur sensiblement égales, comme par exemple, des fusils d'infanterie en usage en Europe, on pourra, à l'inspection de leurs hausses, se faire une idée de leurs trajectoires, par comparaison avec le fusil français, car plus les hausses seront élevées, plus cela indiquera que les trajectoires sont courbes. Dans les feux exécutés en ligne, la hausse n'est pas toujours d'un usage possible, mais elle ne nuit jamais et elle est indispensable aux tirailleurs.

— Quand on se sert d'une hausse très-élevée, il me semble difficile de ne pas l'incliner à droite ou à gauche ?

— Cela arrive, et il en résulte une irrégularité dans le tir. Ainsi, si vous penchez la hausse à votre droite, votre ligne de mire qui passe par le guidon fixé au bout du canon se prolongera à votre gauche, tandis que la trajectoire n'en allant pas moins devant vous se trouvera filer à droite de la ligne de mire. Si celle-ci est dirigée vers le but, le projectile frappera trop à droite ; c'est-à-dire du côté où vous aurez penché l'arme.

— Cela me fait penser à vous demander quelles sont les causes d'erreur dans le tir ?

— Il y en a tant, que je ne puis vous les énumérer toutes. Voici au moins les principales qui sont de trois sortes. Premièrement, celles provenant de l'arme : position vicieuse de la hausse et du guidon, en direction et en hauteur, très-fréquentes lorsque la baïonnette porte uu guidon ; variations dans le calibre, faussements et enfoncements du canon. Secondement, causes extérieures à l'arme : différences entre les balles ; on est parvenu à rendre ces différences à peu près nulles en substituant aux balles coulées des balles comprimées ; celles-ci sont toujours lisses, égales en volume et en densité et exemptes de soufflures ; différences entre les charges, entre les qualités et l'état hygrométrique des poudres, dans la confection et le graissage des cartouches ; la force et la direction du vent ; la position du soleil qui miroite sur la hausse, le guidon et le but ; la densité de l'air dont l'influence est telle qu'en hiver les portées diminuent d'un dixième : la hausse réglée l'été pour la carabine de chasseurs à 1,000 mètres ne donnait plus l'hiver que 925 mètres. Le fusil Lancastre perd l'hiver 1/6 de sa portée (de 1,225 à 1,050 mètres) ; l'encrassement, d'autant plus rapide que le calibre est plus petit. Troisièmement, les causes venant du tireur : mauvaise appréciation des distances, mauvais visé ; inclinaison latérale de l'arme ; coup de doigt trop fort faisant abaisser l'arme ; épaulement défectueux, amenant un choc d'épaule qui fait relever le coup; mollesse au recul qui amène un abaissement du coup ou un pivotement.

— On peut de s'étonner qu'il y ait tant de bons tireurs.

— Ce qui est plus singulier, c'est que le tir sur affût ne donne que d'assez mauvais résultats et que le tir sur appui soit beaucoup plus juste.

— Je commence à me faire une idée de la constitution d'une arme; elle va se compléter par ce que vous allez me dire du chargement par la culasse.

— Nous n'y sommes pas encore. Le chargement par la culasse a été l'objet de recherches nombreuses fondées, en dehors des règles mécaniques, sur la confection des cartouches et sur les effets de la poudre. Afin de ne jamais m'appuyer sur des faits que vous pourriez ne pas connaître et qui vous arrêteraient, je vais commencer par vous donner quelques notions sur la poudre de guerre.

V

POUDRE ; CARTOUCHES.

— La poudre est certainement plus ancienne que les armes à feu. Selon Hallam, les Sarrasins, qui la tenaient peut-être des Chinois, l'auraient introduite en Espagne. Un auteur arabe de 1249, dont le manuscrit se trouve à l'Escurial, rapporte qu'on employait la poudre dans les machines de guerre bien avant lui; Berthold Schwartz en aurait appris le secret chez les Tartares; Roger Bacon l'a décrite en 1240; en 1354, la France avait un capitaine général des poudres. Je vous laisse le soin d'approfondir ce curieux sujet d'archéologie et je passe aux temps modernes.

Le mélange de salpêtre, de charbon et de soufre qui constitue la poudre a été, depuis le commencement de ce siècle, l'objet d'études suivies. Ces études se poursuivent avec une nouvelle ardeur depuis l'adoption des armes de précision.

La substance fondamentale qui entre dans la composition de la poudre est le salpêtre (sel de nitre, nitrate ou azotate de potasse) que l'on trouve mélangé à la terre dans les lieux habités, bas et humides et que l'on peut produire artificiellement. Les opérations successives auquelles on soumet le salpêtre afin de l'épurer, sont : le lavage qui le dissout et l'entraîne; la cuisson : les eaux chargées de salpêtre, dites *eaux de cuite* sont évaporées par la chaleur ; on profite de cette opération pour convertir, par l'addition de cendres, les nitrates de chaux et magnésie en nitrates de potasse ; le raffinage qui clarifie avec de la colle de gélatine les solutions concentrées de salpêtre.

— Par le procédé employé pour le collage des vins?

— Absolument. Des trois composants de la poudre, le charbon est celui qui influe le plus sur sa qualité à cause des variations que peuvent apporter dans sa propre nature, le bois dont il est fait et son mode de préparation. Il doit être friable pour être aisé à triturer et léger pour s'enflammer facilement. Le bois de bourdaine, tendre, non résineux et contenant peu de cendre est exclusivement employé en France. La carbonisation se fait dans des chaudières en fonte; le charbon noir ainsi obtenu est préférable au charbon roux obtenu par la distillation en vase clos, destiné aux poudres de chasse, et qui donne une poudre brisante très-souvent destructive des armes.

Le salpêtre forme la base de la poudre par sa rapide inflammation et les gaz qu'il développe. Le charbon par sa chaleur, accélère la combustion, la décomposition du salpêtre et le volume des gaz en contribuant à les former et à les échauffer.

— Le seul mélange de salpêtre et de charbon pourrait-il produire les effets de la poudre?

— Ce mélange binaire serait moins inflammable, moins énergique et se conserverait mal. Le soufre, que vous connaissez et que l'on obtient par la distillation, facilite la cohésion du mélange, la granulation ou *grenage*, la conservation et augmente aussi la quantité des gaz auxquels il donne leur odeur caractéristique; mais il favorise l'encrassement provenant des résidus, de la cendre de charbon et peut, par son excès, sulfurer les métaux.

— Un mélange de salpêtre et de soufre aurait-il de l'effet?

— Très-peu, de même qu'un mélange de soufre et de charbon n'en aurait aucun; il brûlerait en laissant un encrassement épais. L'encrassement, très-préjudiciable au tir, dépend de la pureté des matières employées, du dosage, de la trituration plus ou moins complète, de la grosseur du grain, et de la rapidité de combustion sur laquelle l'état hygrométrique de l'athmosphère a une grande influence, parce que l'humidité de l'air se combine au grain avant qu'il ait eu le temps de brûler entièrement.

— Je me figurais que cette combustion était aussi rapide que l'étincelle électrique.

— Parce qu'on dit : prompt comme la poudre. Non. Le grain brûle à la façon d'un morceau de bois, d'abord à la surface, puis à l'intérieur. Un grain à canon met un dixième de seconde à brûler, d'après le général Piobert.

— Une charge de poudre doit être assez longue à brûler, puisqu'il faut que tous les grains s'enflamment les uns les autres ?

— Pas beaucoup plus que les premiers grains allumés ; ceux-ci développent des gaz dont la pression et la chaleur, qui peut aller jusqu'à 2,400 degrés, sont énormes ; ces gaz s'introduisent dans les interstices des autres grains et les enflamment presqu'instantanément et d'autant plus facilement que les interstices sont plus grands. Si cependant la charge a un gros volume comme, par exemple, celle du canon monstre de l'exposition de 1867, il s'écoule un temps appréciable dont il y a à tenir compte.

— Moins il y a de poussier et plus les grains sont gros, plus la charge brûle vite ?

— Non, parce que, dans ce cas, chaque grain brûle plus lentement ; mais la détonation, c'est-à-dire le choc bruyant produit contre le métal par la formation instantanée d'un grand volume de gaz est plus lente ; or, comme les pièces d'artillerie résistent moins bien à ce choc que les fusils, on emploie pour elles des poudres à gros grains. Les poudres vives, brisantes, encrassent beaucoup moins que les poudres lentes, aussi leur usage est préféré à la chasse, où l'on ne se sert d'ailleurs que de petites charges. Outre la grosseur, il y a la forme du grain, qui a une très-grande influence. Plus un grain est petit, irrégulier, rugueux et poreux, plus il s'enflamme et détonne vite.

— La proportion des composants joue un rôle important; on préconise les poudres anglaises.

— Parce que, de même que les poudres russes, ce sont celles qui contiennent le moins de soufre et qu'elles sont très-vives. Voici la composition des poudres à mousquet adoptées par quelques Etats :

Etats.	Salpêtre.	Charbon.	Soufre.	
Russie..........	80	11,3	8,7	
Angleterre......	78	13	9	
Suisse..........	76	14	10	
Chine..........	76	14	10	
Italie...........	76	12	12	
Prusse..........	75	13,5	11,5	
Etats-Unis......	75	12,5	12,5	
France..........	75	12,5	12,5	(Ancienne).
France (Mines)...	62	18	20	

— J'ai entendu dire que la poudre française, dont vous venez de donner la composition, était trop lente et encrassait beaucoup?

— Aussi on en a modifié la composition, et le jour où vous irez examiner en détail une poudrerie, vous verrez que les chiffres qui donnent les proportions de la poudre à mousquet actuelle sont: 74, 15.5 10.5.

— A propos de poudrerie, vous ne m'avez rien dit de la fabrication de la poudre.

— Le temps nous presse, je me bornerai à quelques mots qui vous indiqueront l'ordre et la nature des opérations. On pulvérise les substances à part dans des tonnes contenant des balles de métal et animées d'un mouvement de rotation. On fait ensuite des mélanges binaires, puis ternaires avec de l'eau, on *bat* dans des pilons pendant onze heures, on laisse *essorer* pendant deux ou trois jours, c'est-à-dire sécher jusqu'à ce qu'il ne reste plus que 6 0/0 d'eau. Les *gâteaux* sont mis avec des balles de plomb dans des *tonnes grenoirs* (1) en toile métallique qui laissent passer les débris ou grains que l'agi-

(1) On se sert aussi de poudre de meule.

tation forme bientôt. Puis des tamis *sous-égalissoirs* servent à enlever le poussier. Les grains de poudre à canon ont au plus 2 millimètres 5, ceux de poudre à mousquet 1 millimètre 4. Le *lissage* se fait dans une tonne tournante, le *surégalisage* dans des tamis en peau. Le *séchage* définitif a lieu dans un ventilateur à air chaud et l'*époussetage* dans un blutoir. On expérimente ensuite les qualités en recherchant les vitesses initiales qu'elles donnent, après quoi on met en paquets ou en barils.

— Est-ce que quand la poudre est encore en pâte on n'en profite pas pour faire ces cartouches comprimées dont j'ai entendu parler ?

— Non, celles-ci proviennent de la compression de la poudre terminée. On paraît y avoir renoncé. Elles avaient l'avantage de diminuer le volume, de conserver les charges intactes dans les transports et de faciliter le chargement par la bouche. En revanche elles donnaient un tir irrégulier, plus de recul, occasionnaient des ratés, étaient très-sensibles à l'humidité et de plus très-difficiles à faire.

— Enfin, il y a les poudres fulminantes ?

— Leur rôle est de détonner par le choc et de brûler vite en produisant assez de chaleur pour enflammer la poudre. Il n'est pas nécessaire qu'elles développent beaucoup de gaz, mais il faut que leurs résidus n'attaquent pas le métal. Leur invention, qui date de 1796, a fait faire un grand pas aux armes et elles sont l'objet de recherches incessantes.

— L'accident déplorable arrivé dernièrement à Paris, place de la Sorbonne, en est la preuve. Comment est composé le fulminate de la cartouche modèle 1866 ?

— C'est un secret que le ministre de la guerre garde, et il fait bien. Plutôt que de vous donner des à-peu-près, j'aime mieux vous parler des cartouches, à présent que vous connaissez tous les éléments qui entrent dans leur composition.

A l'origine, le soldat enfermait la poudre et les balles dans des poches ou cornets séparés où il puisait. Les premières cartouches, celles qui furent en usage jusqu'en 1856, se composaient simplement d'un tube de papier contenant à la fois la poudre et la balle. Le soldat déchirait le papier avec ses dents...

— Maintenant qu'on met la cartouche dans l'arme sans la déchirer, la conscription prendra les édentés!

— Non, car ne vous en déplaise, les dents servent surtout à manger, et le biscuit est dur!

— Je n'y songeais pas.

— Le soldat versait la poudre dans le canon, y enfonçait la balle avec le papier en guise de bourre et bourrait. Cette opération était loin d'être sans danger pendant un tir continu, parce qu'il pouvait rester au fond du canon quelques parcelles de papier enflammé non expulsées par le coup précédent. Quand, en 1856, l'usage des fusils rayés se généralisa, la confection de la cartouche devint plus compliquée, on dut, comme pour les carabines de chasseurs, munir la balle d'un étui graissé.

— Pourquoi cela?

— Afin que chaque coup enlevât l'encrassement laissé dans les rayures par le précédent. Cette crasse deviendrait rapidement fort dure, surtout dans les fusils de petit calibre, rendrait le tir irrégulier et le chargement impossible. Elle retiendrait aussi une certaine quantité de plomb contre les parois de l'âme. Enfin la graisse a pour objet de boucher les fissures qui peuvent rester entre la balle et le fond des rayures par suite d'un forcement imparfait.

— Est-ce que cette graisse ne fond pas à la chaleur?

— L'expérience a montré qu'il n'est guère permis d'espérer de la conserver très-longtemps. Elle se gâte, disparaît en vieillissant et pendant les transports. Tant qu'on déchirait la cartouche pour verser la poudre, l'amorce devait naturellement rester séparée, mais l'adoption d'armes nouvelles dans lesquelles on introduit la cartouche toute faite, fit comprendre combien la rapidité du chargement gagnerait si la charge portait son amorce avec elle. On fut même conduit à cette amélioration par la raison suivante : quand le jet de flamme du fulminate frappe directement la poudre, il n'y a pas de ratés, tandis que s'il doit percer d'abord un papier, l'inflammation devient plus malaisée.

— On n'a qu'à employer du papier mince.

— Bon, mais alors pour peu que le calibre soit petit et la cartouche longue, le transport deviendra impossible; il faudra avoir une seconde enveloppe, plus résistante, qu'on rejettera au moment du tir, et celui-ci se trouvera retardé. Les fusils Manceaux-Vieillard et Westley-Richards ont des cartouches de ce genre. Une fois le principe admis de l'amorce réunie à la charge, on chercha un procédé simpple et économique; l'amorce devait être assez solidement fixée pour qu'elle ne bougeât pas au moment de la percussion. Quel que fût le mode que l'on se décidât à adopter, il y avait nécessité de se débarrasser, après chaque coup, des débris de la cartouche combustibles ou incombustibles. Dans le premier cas, on y est parvenu par l'emploi d'une chambre ardente.

— Qu'est-ce qu'une chambre ardente?

— C'est un espace ménagé à l'arrière du canon, d'un diamètre un peu différent, où les gaz se concentrent, soit pour chasser les restes de l'enveloppe, soit pour les brûler. La chambre ardente existe dans le fusil prussien.

— Je voudrais connaître la cartouche prussienne.

— Vous savez déjà que la balle en forme d'olive est liée à un sabot en carton graissé qui lui communique le mouvement de rotation; derrière ce sabot est fixée une pastille fulminante; le tout repose sur la charge renfermée dans un sachet de papier. L'aiguille traverse toute la poudre avant de frapper le fulminate.

Dans le second cas, celui où l'enveloppe, en métal ou en carton comprimé, est assez résistante pour demeurer à peu près intacte, il faut un extracteur spécial nommé aussi tire-cartouche, qui fonctionne automatiquement après chaque coup. Vous connaissez la cartouche Lefaucheux?

— Oui, le tube de cuivre porte à l'arrière une capsule ordinaire dans laquelle est engagée une petite tige verticale en laiton. C'est sur cette tige que frappe la tête du chien.

— Et après le coup, la tige dépasse encore assez le tube pour servir à l'extraire par la seule action du doigt. Les Cent-gardes ont une cartouche de ce genre.

— Pourquoi veut-on un tire-cartouche qui fonctionne automatiquement?

— L'extraction à la main, dans bien des cas, est impossible, comme, par exemple, lorsque les soldats ont froid aux doigts; de plus, elle ralentit beaucoup la rapidité du tir.

— Je comprends.

— Les Américains donnent la préférence à la cartouche en cuivre à inflammation périphérique.

— Qu'est-ce que cela?

— Le tube de cuivre est fixé à la balle de manière à recouvrir la graisse contenue dans des cannelures pratiquées dans le plomb; il porte à sa partie postérieure un renflement circulaire en forme de bourrelet. Ce bourrelet, qui donne prise pour retirer le tube après le coup, est plein de fulminate, de sorte que le chien peut frapper sur n'importe quel point. S'il y a un raté, on n'a qu'à tourner un peu la cartouche.

— Si les doigts ont prise.

— Il y a encore un inconvénient bien plus grand : le fulminate est brisant, et il convient que le bourrelet dans lequel on le loge offre une résistance considérable et bien égale sur tous ses points, sinon il pourrait éclater et donner d'insupportables crachements. L'éclatement aurait certainement lieu, si on employait des charges un peu fortes, 5 grammes de poudre, par exemple, avec 30 grammes de plomb. Il en résulte que, dans toutes les armes américaines, les charges sont faibles, elles varient entre 2 gr. 65 et 3 gr. 90 avec des balles de 14 à 15 grammes (fusils Spencer, Henry, Henry-Winchester, Peabody, Remington). Ou les balles sont trop légères, ou les portées trop faibles, ou les trajectoires trop courbes.

— Ne peut-on remédier à cette faiblesse du fond de la cartouche?

— On le peut par l'adjonction d'un culot; alors, sans parler de la gêne que l'on impose à la fabrication, la cartouche s'allonge et exagère les mouvements du tire-cartouche. Ainsi une cartouche à inflammation périphérique pour la balle du fusil modèle 1866, avec culot et 5 gr. 25 de poudre, aurait de 9 à 10 centimètres de long. Il y aurait de grandes difficultés d'introduction dans le canon, le mécanisme de culasse se développerait et s'alourdirait. Alors dans tous les pays où l'on veut de fortes charges, on s'est attaché à perfectionner les cartouches à inflammation centrale. Les tubes, soit en cuivre, soit en carton comprimé très-épais, ont à l'arrière, outre le renflement circulaire qui sert à les retirer, une sorte de cul de bouteille au fond duquel le métal relevé en cheminée de fusil, porte la capsule. C'est le système Boxer et celui de plusieurs autres inventeurs.

— Cela me paraît très-bon.

— Oui, mais cela n'est possible qu'avec les cartouches métalliques.

— Y a-t-il donc inconvénient à adopter les cartouches métalliques? Il me semble que celles-ci doivent garantir la durée des munitions, être plus faciles à calibrer que celles en papier, assurer la conservation de la graisse, préserver d'encrassement le mécanisme de culasse, éviter les crachements, diminuer le nombre des ratés grâce à la fixité de l'amorce.....

— On dirait que vous connaissez la question mieux que moi, et j'aurai de la peine à rétorquer vos arguments. Pourtant, considérez d'abord la difficulté assez grande de trouver un tire-cartouche satisfaisant, puis, remarquez que le cuivre en contact avec la poudre donne lieu à des réactions chimiques qui l'altèrent. Le prix.....

— N'en parlez pas, car sauf en temps de guerre où l'on n'y regarde pas de si près, les tubes serviront une seconde et une troisième fois.

— Laissons le donc de côté quoiqu'il puisse atteindre des millions. Le poids du métal sera supérieur au poids du papier d'au moins 3 grammes, soit 300 grammes par cent cartouches, soit de 20 à 30,000 kilogrammes pour celles d'une armée de cent mille hommes; les transports s'en augmenteront d'une centaine de caissons, de deux cents hommes, de quatre cents chevaux.

— Diable!

— Il y a la nécessité d'avoir des chambres identiques et des cartouches identiques. Pour une centaine d'armes ou pour des armes de luxe on y arrive, mais pour un million de fusils et deux cent millions de cartouches, le problème est difficile à résoudre.

— Effectivement.

— Une autre objection sérieuse est celle de l'augmentation rapide de pression que la diminution du calibre fait subir au gaz. Si par exemple la pression est de 100 kilogrammes par centimètre carré, dans le calibre 18 millimètres, celui de l'ancien fusil de guerre, cette pression deviendra de 800 kilogrammes, c'est-à-dire huit fois plus grande dans un fusil de calibre moitié, soit 9 millimètres. Ces pressions énormes (dans le calibre 11 millimètres du modèle 1866, elles sont de 300 à 400 kilogrammes) distendent le cuivre de l'enveloppe, le plaquent pour ainsi dire contre les parois de l'âme et en rendent l'extraction très-pénible. Il est vrai qu'on a proposé de tourner ces difficultés.

— Comment donc?

— En faisant des enveloppes tronc-coniques dont l'ajustage dans la chambre est bien plus facile et qui s'en retirent aisément; lorsqu'une enveloppe de ce genre a été un peu déplacée, elle tombe toute seule et cela permet encore de réduire l'amplitude des mouvements du tire-cartouche automatique. Comme cartouche de ce genre, je vous citerai la cartouche Berdan à inflammation centrale. Elle a une sorte de doublure métallique qui permet l'usage de charges allant jusqu'à 6 grammes de poudre, avec des balles de 26 gr. 5 et du calibre 11 millimètres. Vous voyez ce qui en résulte pour les trajectoires.

— Les inconvénients dont vous m'avez parlé ont fait préférer la cartouche en papier ?

— Pour le fusil modèle 1866, oui. La poudre, 5 gr. 50 (ce que les chasseurs appelleraient encore 105 grains, le gramme valant 19 grains) est contenue dans un tube de papier mince recouvert d'une gaze de soie qui en assure la solidité. Ce tube a 4 centimètres de long et 13 millimètres 5 de diamètre. A sa partie postérieure, une rondelle de carton percée d'un trou porte la capsule, qui repose sur un anneau en caoutchouc amortissant les chocs du transport. A la partie antérieure, une autre rondelle de carton sépare la poudre de la balle, qui est reliée à l'étui à poudre par deux révolutions de papier graissé et ficelé.

La cartouche de votre fusil à tabatière, trasformation modèle 1867, d'un gros calibre, 17 millimètres 5, est presque entièrement métallique. La balle est évidée, l'enveloppe de la poudre est en cuivre mince, et le fond en cuivre plus fort. Ce fond, garni d'un culot en feutre épais, porte, outre un rebord circulaire, une cuvette percée d'un trou ; dans cette cuvette est la capsule, dans la capsule une petite tige cannelée qui transmet le choc du percuteur au fulminate. C'est le genre de la cartouche anglaise Boxer.

Quoiqu'il y ait encore énormément à dire sur les cartouches, je m'arrêterai là, sinon je craindrais de m'égarer dans la forêt fantastique des inventions.....

— Je suis d'ailleurs impatient de vous entendre parler du chargement par la culasse.

VI

ARMES SE CHARGEANT PAR LA CULASSE.

— Les armes se chargeant par la culasse sont très-anciennes. En France, on se servait depuis 1831, d'un fusil de rempart, long et lourd, de ce système. Toutefois ce ne fut que vers 1840 que les expériences et les inventions commencèrent à se produire avec suite et succès. Elles se succédaient aussi bien à Saint-Pétersbourg et à Vienne qu'à Londres et à Paris; mais on était tellement imbu de l'idée que la rapidité du tir rendrait les approvisionnements impossibles et offrirait plus d'inconvénients que d'avantages, que les essais étaient continués, moins dans l'espoir d'arriver à un résultat pratique que pour satisfaire à la pression de l'opinion publique.

— Elle a donc du bon quelquefois !

— C'est une personne de bon sens, mais acariâtre et prétentieuse, qui s'attribue tous les succès et rejette les échecs sur ceux qui tiennent la queue de la poêle. Il n'y eut que la Prusse qui, sans s'arrêter aux arguments des autres puissances, adopta, en 1841, le fusil à aiguille. Les résultats de la guerre de 1849 en Saxe et dans le grand duché de Bade, ceux de la guerre de 1863 dans le Schleswig, ne dessillèrent les yeux d'aucun gouvernement.....

— Mais, après Sadowa, on ne discuta plus.

— En France on était prêt. A la suite des expériences faites au camp de Châlons, sur 500 armes, en 1864 et 1865, on adopta, au mois d'août 1866, le fusil actuel.

— Cette promptitude m'étonne, car la lenteur des comités est proverbiale.

— Vous voilà revenu de votre premier sentiment. Eh bien, permettez-moi, à cette occasion, de réfuter l'accusation banale formulée contre le corps de l'artillerie, de s'être opposé aux innovations. La mission de l'artillerie, en ce qui concerne les armes portatives, consiste surtout à les étudier au point de vue technique, et l'artillerie n'y a pas failli. Quant à l'opinion individuelle de ses officiers sur les conséquences que ces innovations doivent entraîner dans les combats, elle n'a pas plus de poids que celle des autres officiers instruits de l'armée. C'est aux généraux expérimentés qu'il appartient d'émettre des avis sur les faits d'ensemble de la guerre, que seuls ils sont en situation d'apprécier ; c'est enfin aux gouvernants à décider, parce que seuls ils planent sur la généralité de la situation, et peuvent seuls balancer les inconvénients et les avantages politiques ou financiers. Si la temporisation est fâcheuse, la précipitation est funeste ; laissons donc à chacun sa part de responsabilité. La France n'a été coupable que de la lenteur à laquelle se résignaient tous les Etats, et d'un bond elle a dépassé la Prusse.

— C'est une circonstance atténuante.

— A cette heure, le chargement par la culasse a réalisé des progrès qui rendent ses avantages incontestables. On conçoit qu'une troupe d'infanterie armée de fusils pouvant tirer par minute de six à sept coups en visant, de dix à douze sans viser, ait, dans une circonstance grave, le pouvoir de forcer l'ennemi à céder le terrain, ou au moins, de le tenir en respect assez longtemps pour donner à des secours le temps d'arriver. Il est vrai qu'elle devra ne pas abuser de cette ressource précieuse et la réserver pour des cas décisifs. Le tir rapide ne s'exécutera qu'au commandement de chefs redoublant d'attention et d'efforts pour conserver leur sang-froid et pour n'ordonner le feu qu'au moment opportun ; la troupe devra être tellement bien exercée, qu'elle ne cède jamais à des entraînements intempestifs qui la démunieraient.

— Mais j'ai entendu dire que pendant la campagne de 1866, la moyenne de la consommation des cartouches dans l'armée prussienne avait été seulement de 7 à 8 par homme?

— Le général de Moltke l'a dit dans un rapport. Si je vous disais qu'à la seule journée de Magenta, la consommation des cartouches a été, dans le 2e corps, de 20 par homme, vous comprendriez aussitôt que les moyennes ne signifient rien et que, tandis que certains corps ne tirent pas, les corps engagés tirent beaucoup. Le soldat français, animé par le bruit de la poudre, la jette au vent...

— Vous êtes sévère; je suppose qu'avec l'ancien fusil à tir lent et incertain, il cherchait à remplacer la justesse des balles par leur quantité.

— Les habitudes n'en existent pas moins, et il est bon d'imiter les Prussiens qui attachent une importance capitale au tir et à la discipline dans l'exécution des feux. Chez nos voisins du Nord, tous les officiers des régiments participent aux écoles pratiques et sont portés sur les registres. Les colonels, les généraux assistent aux exercices comparatifs de fin d'année ainsi qu'aux feux d'ensemble. Chez nous, on est entré dans la même voie; la création d'un capitaine de tir par corps nous aidera à y marcher. On peut regretter que le nombre des cartouches (80 à balle) que le soldat tire annuellement, soit aussi restreint; en Prusse, il est plus considérable. Le soldat doit être d'autant plus exercé et maître de lui, que toutes les conséquences du chargement modifié sont en faveur de la rapidité et de la commodité du tir. Ainsi, la réunion de l'amorce à la cartouche simplifie la manœuvre; celle-ci peut s'effectuer facilement et sans bruit dans des positions gênées; le cavalier peut charger son arme bien plus facilement que par le passé.

— D'après ce que vous m'avez dit, le chargement par la culasse offre aussi des avantages considérables au point de vue de la précision du tir?

— Certainement : la balle occupe, par rapport à la naissance des rayures, une position invariable; elle se trouve toujours en contact avec la poudre et il n'y a plus à craindre d'éclatements. Le forcement se produit d'une manière régulière, le poids des charges reste constant, la poudre ne se réduit plus en pulvérin par le bourrage. On ne peut placer la balle vers la culasse sans en être promptement averti, ni introduire deux charges au lieu d'une dans le canon; enfin l'arme ne peut se décharger quand on la porte la bouche en bas.

En revanche, il y a bien des difficultés à vaincre pour obtenir un mécanisme de culasse satisfaisant. Ce mécanisme doit être disposé de manière à fermer toute issue aux gaz, et surtout être à l'abri de l'encrassement qui en arrêterait le jeu. Il faut que le coup ne puisse partir avant que la fermeture ne soit complète; le mécanisme doit être simple, solide, facile à manœuvrer; il faut pouvoir le fabriquer en grand sans qu'il revienne à un prix trop onéreux. Des conditions si variées ont engendré une incroyable multiplicité de systèmes plus ou moins heureux.

— J'aurai bien de la peine à m'y reconnaître.

— Mon Dieu, non. Il y a des classifications très-simples auxquelles on peut rattacher tous les types. Les Suisses, très-experts dans cette question, ont distingué les trois genres suivants : 1° Celui où la pièce de fermeture se meut entièrement ou en partie dans l'intérieur de la monture ou dans la partie du fusil correspondant à la platine. Tels sont les fusils Lefaucheux et Remington. 2° Celui des fusils à tabatière dont le couvercle se meut en avant, en arrière ou sur le côté. On y rangerait le fusil de la garde mobile, modèle 1867. 3° Celui des fusils à aiguille qui exigent un système de percussion tout-à-fait spécial, et dont la fermeture a lieu par un cylindre qui glisse suivant l'axe du canon. Le fusil prussien et le fusil français en sont des types.

— Cette classification me paraît très-logique.

— Cependant il y en a une autre qui a pour point de départ le mode employé pour produire l'*obturation*, c'est-à-dire pour boucher les fuites de gaz du côté du tireur.

— A-t-elle une sérieuse raison d'être?

— L'obturation ayant été le principal, on pourrait dire le seul obstacle aux perfectionnement des armes se chargeant par la culasse, c'est elle qui sera l'une des pierres de touche des qualités d'un système. L'obturation a amené à distinguer trois groupes. Dans le premier, elle est produite par l'exacte juxtaposition des différentes pièces du mécanisme, comme dans le fusil de rempart de 1831, le fusil Julien Leroy, etc. On n'a jamais réalisé dans la pratique une précision d'ajustage satisfaisante, et même si l'on y parvenait, l'encrassement des premiers coups rendrait bientôt le jeu des pièces impossible. Aussi on ne doit pas admettre des armes construites d'après ces principes pour le service de guerre.

Dans le deuxième groupe, pour obtenir l'obturation, on met en jeu l'élasticité de certains corps faisant partie du mécanisme même. Voici, par exemple, le procédé employé dans la carabine Manceaux-Vieillard : la poudre s'appuie au fond du canon sur la base d'un cône métallique dont la tête est engagée dans une virole d'acier. Cette virole *double* les parois de la culasse qui présentent des fissures. Quand le coup part, le gaz enfonce le cône dans la virole qui s'élargit et obture hermétiquement les joints, en se plaquant sur eux. Ce petit arrangement est assez délicat et compliqué, et exige des ajustures très-parfaites. Dans le système Mont-Storms, c'est autre chose. Imaginez un dé en acier mince, à la fois très-résistant et très-élastique, placé au fond de la culasse de manière à doubler les parois offrant des interstices. La déflagration des gaz dilatera le dé, et en l'appliquant fortement contre les parois, lui fera masquer toutes les ouvertures. Ces procédés et quelques autres variétés qui s'y rattachent n'ont pas donné des résultats entièrement satisfaisants.

— Le dernier me paraît présenter une grande analogie avec celui qui résulte de l'emploi des cartouches métalliques.

— Avec cette différence que l'obturateur est inhérent au mécanisme, tandis qu'avec les enveloppes métalliques, il est inhérent à la cartouche, ce qui constitue un troisième groupe.

— Dans ce groupe, les procédés ne peuvent plus être bien variés.

— Je vous demande pardon. Supposez d'abord que le fond d'une cartouche en papier soit garni d'une épaisse rondelle incombustible en feutre. Les gaz, en se développant, la presseront tellement sur le fond de la culasse, qu'elle servira d'obturateur.

— Elle ne va pas rester dans le canon je pense?

— Non; il faudra avoir eu soin de la graisser et on la poussera en avant en introduisant la cartouche suivante qui, en la chassant, lui fera nettoyer le canon. La cartouche du fusil modèle 1867, destinée à la garde nationale mobile et qui est, comme je vous l'ai dit, en métal, porte une rondelle de ce genre, destinée surtout à renforcer le culot; mais la rondelle suit l'enveloppe. C'est une très-bonne cartouche qui donne une excellente obturation; elle est copiée sur la cartouche anglaise Boxer.

— Et comment se fait l'obturation du Chassepot?

— Ne vous obstinez donc pas à dire Chassepot, dites : fusil modèle 1866. On a tourné la difficulté par un procédé qui consiste à employer le caoutchouc.

— Oh! oh! le caoutchouc ne fond pas?

— Non; jugez-en. Qu'arrivera-t-il à une épaisse rondelle en caoutchouc si vous la pressez fortement entre deux rondelles d'acier du même diamètre qu'elle?

— Elle débordera les rondelles d'acier.

— Si vous avez placé ces trois rondelles au fond du canon, le recul qui portera sur la première fera si bien gonfler le caoutchouc, qu'il bouchera le petit vide circulaire par lequel le gaz pourrait s'échapper en arrière et pénétrer dans le mécanisme de culasse.

— Dont vous ne m'avez pas encore soufflé un traître mot.

— J'aurais dû arriver armé. Néanmoins je vais faire de mon mieux.

VII

FUSIL FRANÇAIS ET FUSILS ÉTRANGERS COMPARÉS.

— Le mécanisme du fusil modèle 1866 (1) se réduit pour ainsi dire à trois cylindres glissant l'un dans l'autre. Le cylindre extérieur, nommé boîte de culasse, fait partie intégrante du canon. Il est fendu en dessus sur toute sa longueur; la fente sert à l'introduction de la cartouche et livre passage à une poignée entée sur le deuxième cylindre. Celui-ci, que l'on nomme *culasse mobile*, se meut dans l'intérieur du premier; il est destiné à boucher le fond du canon et porte l'obturateur à sa partie antérieure. La poignée dont il est muni sert à le tirer en arrière ou à le pousser en avant ou à le fixer en se rabattant dans une échancrure pratiquée à droite de la fente. Enfin, le troisième cylindre qui est à l'intérieur du second, constitue le mécanisme de percussion; il consiste en un ressort à boudin, en une tige nommée aiguille, laquelle vient frapper la capsule en passant à travers l'obturateur. La vitesse du tir est de douze à treize coups par minute.

— Dès que j'en aurai l'occasion, j'examinerai cela avec attention, c'est aussi simple que solide. Le fusil modèle 1867 est-il aussi bon?

— La transformation l'a rendu un peu plus pesant; les munitions sont plus lourdes, et il n'a pas, à cause du calibre, de la balle, la perfection de tir du fusil 1866.

(1) Le mécanisme de culasse comprend dix-sept pièces.

— Alors le principal avantage de la transformation a été d'utiliser les huit cent mille armes dont disposaient les arsenaux ?

— Précisément. Je ne ferai pas l'injure à un capitaine de la garde mobile de lui décrire son fusil.

— J'ai entre les mains l'instruction du 20 octobre 1867, qui contient des planches très-bien exécutées. La culasse du fusil offre en arrière, sur toute l'épaisseur du canon, un espace vide par lequel on introduit les cartouches; ce vide se remplit par un bloc plein, nommé culasse mobile, s'ouvrant à droite, absolument comme le couvercle d'une tabatière. Voilà.

— Comment, voilà ! et le tire-cartouche et le percuteur !

— Je les oubliais. La culasse mobile peut glisser le long de sa charnière quand elle est ouverte; en s'ouvrant, elle ramène sous sa charnière une saillie qui accroche le bourrelet de l'enveloppe qu'on dégage en tirant à soi. Le percuteur consiste en une tige qui traverse obliquement la culasse mobile et qui aboutit à l'amorce; grâce à sa force, il ne se fausse jamais. C'est le chien de l'ancienne platine qu'on a conservée qui frappe sur la tête du percuteur.

— Et avec cela vous pouvez tirer environ 10 coups par minute. A la famille de votre fusil se rattache la carabine transformée, qui est à peu près identique.

— La bigarrure des modèles va donc cesser, nous serons comme les Prussiens dont l'armement est uniforme et dont on dit le fusil si simple.

— C'est le frère aîné du nôtre. Son mécanisme est effectivement d'une simplicité qui n'a encore été atteinte par aucun système d'arme à aiguille tirant des cartouches en papier. Il y a là une excellente condition de solidité et de facilité de fabrication. Mais le maniement est moins commode et moins rapide que chez nous; il ne donne guère que de 8 à 10 coups par minute. Une différence essentielle réside dans l'obturation qui a lieu par la dilatation des parois amincies de l'extrémité du tonnerre.

— Elle est incomplète?

— Au point que les crachements, inoffensifs pour le tireur à cause de la direction qu'on a réussi à leur donner, diminuent assez la force élastique des gaz pour diminuer la tension des trajectoires; le mécanisme s'encrasse et la charge devient très-pénible au bout d'un petit nombre de coups.

— La cartouche m'a paru d'une confection aisée?

— Oui, et elle conserve bien l'amorce; mais elle est lourde, elle pèse 42 grammes, neuf de plus que la cartouche française.

— Cela diminue de près d'un quart la quantité des munitions que l'on peut transporter.

— Evidemment. Ajoutez à cela que le poids de l'arme sans baïonnette est supérieur de plus d'une livre (650 grammes) à celui du fusil français.

— Il doit en résulter un avantage pour le tir?

— Pas du tout. Vous allez vous en rendre aisément compte. Le calibre est fort, 15 millimètres 4. La balle, de 31 grammes acquiert, avec 4 grammes 3 de poudre seulement, la vitesse initiale de 295 mètres. Le fusil a une trajectoire très-courbe; il n'a de précision que jusqu'à 300 mètres. A 600 mètres, non-seulement il est moins juste que le fusil français à 1,200, mais la vitesse du projectile a tellement diminué, que ce dernier cesse pour ainsi dire d'être dangereux.

— Il est rassurant de penser qu'à 800 mètres, une troupe française combattra avec de grands avantages des forces prussiennes supérieures.

— Certainement. Ce n'est pas à dire pour cela qu'il faille mépriser le Zündnadelgewehr. Il faut compter avec cette arme, quoique ses défauts soient assez sérieux pour qu'aucune puissance n'ait consenti à l'adopter sans modifications.

— Même la bonne amie de la Prusse, la Russie?

— Même la bonne amie de la Prusse, la Russie, qui a fait une transformation dite du système Karl (1). Le calibre des armes

(1) La Russie vient encore de décider en principe l'adoption d'un fusil neuf présenté par M. Berdan, et qui a beaucoup d'analogie avec le fusil Albini.

à transformer était de 15 millimètres 3. Les Russes ont pris la balle de 35 grammes avec 4 grammes 2 de poudre fine donnant une vitesse initiale de 320 mètres. La cartouche en papier, du poids de 43 grammes, porte l'amorce près de la balle.

— Tout cela est prussien.

— Oui, mais l'obturation se fait par un culot en feutre que porte la cartouche. Comme il pousse en avant les débris de celle-ci, la chambre ardente a pu être supprimée. Quant au mécanisme de culasse, il est à aiguille. Le levier de manœuvre, au lieu d'être, comme dans le fusil prussien et dans le modèle 1866, sur le côté, est en arrière de la culasse mobile, de sorte qu'on a pu réduire la fente supérieure à la grandeur strictement nécessaire pour l'introduction de la cartouche. L'arme pèse 4 kilogrammes 300. Sa trajectoire est plus tendue que celle du fusil prussien; la vitesse de tir est la même qu'avec ce dernier.

— Les Italiens, alliés de fraîche date aux Prussiens, ont dû également s'inspirer de leurs idées; ont-ils fait un fusil d'*eux-mêmes?*

— Oh non! ils se sont bornés à une transformation.

— Ils sont trop obérés pour se payer un armement neuf.

— Peut-être bien, car la médiocrité de leur fusil à aiguille, transformé, d'après un système ressemblant beaucoup au système prussien, ne peut être attribuée à l'incapacité de leurs artilleurs. L'obturation se produit par la même méthode qu'en Prusse; mais afin de la rendre moins imparfaite, on a garni la cartouche d'un culot en caoutchouc et en drap qui agit comme vous savez. Les résultats sont médiocres et cumulent les inconvénients des deux systèmes. La rapidité du tir n'est que de huit coups par minute; quant à son efficacité, vous allez en juger. Le poids de l'arme est de 4 kilogrammes 600, le calibre est de 18 millimètres, la balle à évidement pèse 36 grammes, la charge de poudre de 4 grammes 5 ne donne que la faible vitesse initiale de 290 mètres. La trajectoire est très-courbe et la portée dangereuse ne dépasse guère 750 mètres.

La cartouche est lourde et pèse près de 50 grammes. La carabine des bersaglieri, du calibre 17 millimètres, a été transformée par le même système, la vitesse initiale de son projectile, 287 mètres, lui donne une trajectoire encore plus courbe que celle du fusil. A 700 mètres, la carabine se tire sous l'angle de 5° 50', et le fusil sous celui de 5° 10'. En résumé, les armes italiennes ne valent pas nos fusils de 1867. Le gouvernement du roi l'a si bien senti, qu'il fait étudier un modèle dont le calibre sera entre 9 millimètres 5 et 10 millimètres 5.

— Il subira alors les inconvénients des trop petits calibres.

— Certainement. Il y a cependant des Etats qui trouvent dans les très-petits calibres des avantages particuliers fondés sur des considérations tactiques et topographiques exceptionnelles.

— Comment?

— Les calibres très-petits font surtout perdre, par suite de la légèreté des balles, les grandes portées; or les grandes portées sont principalement utiles dans les combats en rase campagne, contre des masses qu'il faut accabler de loin par des balles. Les Suisses, en raison de la nature montagneuse de leur pays, se trouveront moins souvent dans ce dernier cas que dans celui d'une guerre d'embuscades. Dans celle-ci, il faut de la précision, et la difficulté d'apprécier les distances rend précieuses les trajectoires tendues sur la plus grande longueur possible, 5 et 600 mètres. Les petits calibres sont favorables à cette dernière condition.

— Cette raison est au moins spécieuse. Quelle est l'arme qu'ont choisie les tireurs expérimentés des Alpes?

— C'est un fusil transformé connu sous le nom de Milbank-Amsler. Le calibre est de 10 millimètres 5. Une chambre spéciale a permis de raccourcir la cartouche, qui est entièrement métallique et à inflammation périphérique. La charge est de 3 grammes 75 de poudre vive, qui, aidée par la forte proportion de fulminate, donne à une balle de 20 grammes une vitesse initiale de 440 mètres. Cette vitesse est la plus considérable de celles obtenues avec les armes en usage. La trajectoire est très-tendue, mais la portée totale, par suite du faible poids de la balle, paraît inférieure à celle du fusil 1866. Le tir est surtout beaucoup plus lent, il n'est que de sept coups par minute.

— A ce propos, je vous demanderai comment on peut juger approximativement, à priori, de la rapidité du tir ?

— Par le nombre et l'étendue des mouvements que nécessite le chargement. La charge française se fait en quatre temps ; la charge suisse et la charge italienne en cinq.

Le fusil Milbank Amsler se rattache au genre à tabatière ; le canon est ouvert en arrière, le bloc de fermeture ou culasse mobile pivote en avant, de manière à se renverser sur le dessus du canon. Le chien de la platine frappe sur un percuteur qui arrive à l'amorce de la cartouche. On reproche à la charnière de la culasse mobile de pouvoir se fausser.

Les Suisses essayent actuellement le mousqueton Vetterlin, dont ils ont déjà adopté une modification qui en fait une arme à magasin ou à répétition.

— Cela signifie, je pense, une arme dans laquelle on met plusieurs cartouches à la fois, comme le revolver ?

— Oui.

— Jusqu'à présent, je ne vois encore que les Suisses et nous munis de petits calibres.

— Vous oubliez celui de 10 millimètres 5 que les Italiens méditent. Puis il y a les Belges qui se sont décidés pour un système qui présente quelque analogie avec le système Milbank, le système Albini. Il est à cartouche métallique, à inflammation centrale, par une aiguille se mouvant suivant la direction de l'axe du canon. La culasse mobile tourne autour d'une charnière et se renverse en avant sur le canon. Une petite queue élastique accroche dans ce mouvement l'enveloppe de la cartouche brûlée et la rejette au dehors. Le calibre est de 11 millimètres, la balle pèse 25 grammes et se tire avec 5 grammes de poudre. Ces trois éléments ont été empruntés au fusil français. Néanmoins la trajectoire est un peu moins tendue; la cartouche est de 7 grammes plus lourde que la nôtre, elle pèse 40 grammes. La vitesse de tir n'est que de 10 coups par minute. En outre, le mécanisme paraît avoir des défauts sérieux : la profondeur de la boîte de culasse exige qu'on entaille considérablement le bois qui s'affaiblit d'autant. La charnière de la culasse mobile est sujette à se fausser. Enfin, si par suite d'un choc accidentel, la cartouche vient à faire explosion dans le canon en crevant son culot, circonstance rare il est vrai, il en résulte par le canal de l'aiguille un crachement qui blesse le tireur.

— Ce sont de graves défauts.

— Les Autrichiens se sont cependant décidés à adopter pour leur ancien armement du calibre 13 millimètres 9, une transformation analogue, de Wantzel, dont il y a la même chose à dire. En outre, ils ont en cours de fabrication un fusil neuf du système Werndl, de 10 millimètres 8 de calibre, avec cartouche métallique. Il n'a pas encore subi d'expériences assez grandes pour permettre à un étranger d'apprécier sa véritable valeur.

— L'état des connaissances balistiques a dû lui assurer une certaine justesse comme à toutes les armes de petit calibre. Moi, j'ai un faible pour la cartouche métallique, et je pense que l'obturation sera bonne.

— C'est probable. Quant au mécanisme du fusil Werndl, conçu principalement en vue de la rapidité du tir, il est assez singulier et je ne sais si je pourrai vous en donner une idée. Vous connaissez les tours qui servent, dans quelques salles à manger, à passer les mets venant des cuisines?

— Oui. Il y a dans le mur un orifice au centre duquel pivote un coffre dont une face seule est ouverte.

— Supposez-vous du côté de la cuisine; que le ragoût soit une cartouche; le tour, la culasse; que la salle à manger ait la forme d'un tube... c'est le fusil Werndl...

— Aye!

— Vous sentez qu'il m'est impossible d'entrer dans les détails auxquels s'arrêtent les commissions d'artillerie. Chez les différentes puissances, elles ont toutes très-bien su apprécier la valeur relative des mécanismes proposés. Quand il s'agissait de transformation, il leur fallait tenir compte de la construction du fusil qui pouvait ne pas se prêter par son calibre ou ses dimensions au mécanisme de culasse qu'on eût préféré.

— La même incompatibilité d'humeur a lieu de se rencontrer à propos des fusils neufs.

— Sans doute, et pour éviter les mauvais ménages, on fait des concessions à l'un ou à l'autre des deux conjoints.

— Comment s'y sont pris les Anglais qui détestent tant les concessions? Je pense que leurs armuriers ont dignement soutenu leur ancienne réputation?

— Assurément! L'Angleterre, de 1853 à 1855, avait créé un armement complet avec le fusil Enfield. Après la campagne de 1866, on décréta la transformation de ces armes au système Snider, qui est de l'invention des frères Schneider, armuriers français.

— Ah! enfin, voilà un nom français, je commençais à être choqué de n'entendre que des appellations étrangères.

— Que votre chauvinisme soit donc satisfait! La transformation est tout à fait analogue à la transformation française et use d'une cartouche presque semblable.

— De sorte que les fusils anglais à tabatière ont la même valeur que nos fusils 1867.

— Ils valent mieux. Le fusil Enfield avait déjà une très-grande justesse; l'arme Enfield-Snider, du calibre 14 millimètres 7, porte une balle de 34 grammes avec 4 grammes 43 de poudre anglaise, donnant une vitesse initiale de 380 mètres, inférieure de 40 mètres à celle de notre fusil, mais donnant encore, jusqu'à 900 mètres, une trajectoire très-tendue. A cette distance, le fusil anglais se tire sous l'angle d'environ 4° (3°,42') à peu près comme le nôtre, mais il relève davantage à cause du poids de la culasse. Quant à la rapidité du tir, elle est d'environ huit à dix coups par minute. La cartouche est lourde, elle pèse 45 grammes.

— C'est la seule arme en usage en Angleterre?

— Jusqu'à présent, le gouvernement n'a pas adopté d'armes d'un modèle neuf. Du reste, les qualités du fusil Enfield-Snider justifient cette temporisation économique.

La Hollande, en bonne voisine, a pris le fusil anglais.

— Évidemment, les états secondaires ont dû aller plus doucement que les grands.

— Ils ont été pris de la même fièvre que les autres, mais la faiblesse de leurs ressources industrielles les a obligés de s'adresser au commerce, et ils se sont tournés naturellement vers les Etats-Unis. Ils n'en sont vraiment pas plus mal partagés. Tous achètent des armes à cartouches métalliques. La Grèce, pays où le fusil est très-demandé, a choisi le système Remington avec le calibre français. Le Danemark, après de longues et consciencieuses expériences sur 10,000 armes de de ce système, l'a adopté. Le gouvernement pontifical...

— Qui n'entend pas qu'on le plaisante.

— S'en est muni.....

— Amplement!

— Et je j'en félicite, car c'est une des armes remarquables engendrées par le génie exubérant de production des Américains. Son principe, connu depuis longtemps, mais qui n'avait jamais pu être mis en pratique d'une façon satisfaisante, est celui des pistolets de salon.

— Dans lesquels c'est le chien lui-même qui ferme le tonnerre et donne appui aux gaz de la poudre?

— Justement. L'inventeur a eu l'idée de placer deux chiens l'un derrière l'autre; le premier sert de culasse mobile et est traversé par un percuteur; le second, en s'abattant sur le percuteur, sert d'arc-boutant au premier et l'empêche de reculer. Le fusil des troupes pontificales pèse 4 kilogrammes 170, il est du calibre de 12 millimètres 7. Une cartouche métallique à inflammation centrale ou périphérique assure l'obturation. Elle pèse 44 grammes, porte une balle cylindro-conique de 30 grammes 5, et contient 4 grammes 5 de poudre produisant une vitesse initiale de 380 mètres. La trajectoire, beaucoup plus tendue que celle du fusil italien, l'est moins que celle du fusil 1866. Le tir est d'une grande régularité jusqu'à 800 mètres, mais cette distance paraît être la limite des portées. La vitesse du tir est de 12 à 13 coups par minute.

— Que reproche-t-on au fusil Remington de Sa Sainteté?

— De n'être pas encore une arme de petit calibre se tirant à forte charge; le jeu défectueux du tire-cartouche et enfin un défaut commun à toutes les armes américaines : le bois est interrompu à la poignée et remplacé par un assemblage en fer. Pour assurer à cette disposition la solidité qui convient aux armes de guerre, on est obligé de serrer fortement certaines brides, et on nuit alors à la régularité du tir.

— Puisque ce n'est pas encore là la perfection, les Américains, qui ne sont pas gens à se reposer, ont dû trouver mieux.

— Ils ont le système Peabody, au moyen duquel ils ont transformé leur carabine Springfield...

— Le nom d'un armurier?

— Non, celui d'un arsenal, comme Enfield.

— Ah!

— La Suède l'a adopté. Ils ont produit encore le système du colonel Berdan qui a rallié l'Espagne, dont les fusils étaient déjà au calibre 14 millimètres 4. En 1868, le système Berdan a été essayé à.....

— Procédons par ordre, s'il vous plaît. Le Peabody ?

— Le fusil Peabody, essayé en 1866, employait une cartouche à inflammation périphérique. Le calibre était de 12 millimètres 9. La balle de 25 grammes 80, se tirant avec 3 grammes 85 de poudre vive, avait une vitesse initiale de 380 mètres, et une remarquable justesse jusqu'à 600 mètres, mais la trajectoire était trop courbe. Quant au mécanisme..... concevez-vous une tabatière dont le couvercle serait trop petit?

— Il tomberait en dedans.

— Justement. La charnière de la culasse mobile, dite fausse culasse, qui sert à boucher le tonnerrre, est placée du côté du tireur. On abaisse cette fausse culasse, on fait glisser par-dessus la cartouche dans le canon, puis on la relève. Elle est traversée par un percuteur sur lequel frappe le chien. Ce mécanisme est d'une solidité et d'une simplicité remarquables. Les Américains, en transformant leurs armes, ont en même temps réduit le calibre des canons. L'ancien tube a été tout simplement doublé d'un nouveau que l'on y force.

— Et on tire avec ce fusil?

— Jusqu'à 15 coups à la minute; mais gare si la cartouche à inflammation périphérique a été mal enfoncée! la fausse culasse la fait partir en se relevant, et comme la fermeture n'a pas eu lieu...

— Les accidents si comiquement représentés par Cham se réalisent. Eh bien, pourquoi ne pas prendre la cartouche à inflammation centrale?

— C'est ce que l'inventeur a fait en 1868, après avoir réduit le calibre à 11 millimètres et porté la charge à 4 grammes 5; mais l'obturation est devenue insuffisante et il se produisait des crachements dangereux.

Une variété du système Peabody paraît en ce moment très en faveur chez les Anglais. C'est le système Henry-Martini. L'âme du canon est polygonale à sept pans, et l'inflammation a lieu au moyen d'un percuteur agissant suivant l'axe de la culasse. Le fusil qui pèse environ 4 kilogrammes 3, est au calibre de 11 millimètres 4. La charge est de 5 grammes 51, et la balle pèse 31 grammes 10.; la vitesse initiale est de 415 mètres. La justesse paraît très-grande et le mécanisme très-solide. Cette arme n'a pas encore été fabriquée en quantités.

— Je ne trouve pas que les armes américaines, du moins celles que vous m'avez décrites, justifient les éloges qu'un public plus ou moins bien informé leur octroie.

— Dans tous les cas, on exagère la faculté d'invention des Américains; ainsi le fusil Berdan, auquel l'inventeur a appliqué la cartouche métallique dont je vous ai parlé, est tout simplement une sorte de fusil modèle 1866, moins les pièces d'obturation, muni d'un tire-cartouche et dans lequel on a substitué un percuteur à l'aiguille.

— Pourvu que le modèle 1866 n'aille pas être relégué dans les antiquailles un de ces jours, et jugé bon au plus à remplacer le modèle 1867 entre les mains de la garde nationale mobile. J'en gémis d'avance en ma qualité de contribuable.

— Il a été question en effet de donner le modèle 1866 à la garde nationale mobile (on en a parlé aux Chambres), seulement en vue de l'unité de l'armement. Mais écoutez ce qu'il y a de plus intéressant dans les inventions américaines. Ce sont les armes à repétition ou à magasin, qu'on a qualifiées, bien à tort, du nom d'armes de l'avenir.

— J'en ai entendu parler, il paraît qu'elles donnent une rapidité de tir prodigieuse.

— Elle est compensée par bien des inconvénients. Tous les modèles connus sont d'un prix excessif, d'un mécanisme délicat et compliqué qui exige de la part de celui qui le manie une grande dextérité et un sang-froid inaltérable. Les cartouches sont naturellement métalliques. Quant à la rapidité du tir, elle n'est pas supérieure à celle des armes se chargeant par la culasse, puisqu'une fois le magasin épuisé, il faut un certain temps pour le remplir. Le moindre dérangement peut arrêter tout et annihiler l'arme. Celle-ci est encore très-inférieure sous le rapport de la puissance des effets balistiques, puisqu'à moins de donner au magasin des dimensions inadmissibles et un poids gênant, on ne peut le munir que de petites cartouches.

— De sorte que ces armes n'ont encore reçu nulle part la sanction de l'usage de la guerre?

— Comme armes d'infanterie de ligne, non; mais comme armes exceptionnelles, oui. Il y a d'abord le revolver, arme devenue vulgaire dont notre marine est armée, et que, dans beaucoup de pays, la cavalerie a judicieusement choisie. Pendant la guerre d'Amérique, la cavalerie des fédéraux avait été munie d'armes du système Spencer. Les cartouches à inflammation périphérique, au nombre de huit, sont contenues dans un tube traversant la poignée et la crosse; un ressort à boudin les pousse successivement dans la culasse mobile. Elles sont du poids de 35 gr. 5, avec des balles de 28 grammes, et des charges de 3 grammes 38 de poudre vive. Le poids du fusil, avec magasin chargé, est considérable : 4 kilogrammes 840. On peut tirer les huit cartouches en vingt-cinq ou trente secondes. L'arme est solide et se manœuvre bien, mais elle ne se prête pas au tir des cartouches isolées lorsque le magasin est plein, et le mode de chargement du magasin présente des dangers.

— Alors n'en parlons plus !

— Ces deux défauts ont été évités dans le fusil Henry-Winchester, qui peut servir comme arme ordinaire se chargeant par la culasse. Le feu est mis par un percuteur frappé par un chien. La disposition du magasin est à peu près la même que dans le Spencer, mais au lieu de huit, il contient quinze cartouches, pesant ensemble 480 grammes; le calibre est de 11 millimètres 5, le poids d'une balle 23 grammes 8; le charge de poudre 3 grammes 25, donne une vitesse initiale de 355 mètres, la trajectoire est médiocrement tendue; à 750 mètres, le projectile s'élève de plus de 15 mètres, c'est-à-dire presqu'autant que le projectile français pour une distance de 900 mètres.

Le mécanisme est fort remarquable par sa simplicité. Si l'on se sert de ce fusil comme arme ordinaire, il donne dix coups par minute; les tireurs suisses, en l'essayant comme arme à répétition, ont mis, à 225 mètres, leurs 15 balles dans la cible en 40 secondes, ce qui fait une vitesse d'environ vingt-deux coups par minute. Le rapport de la commission fédérale Suisse a été très-favorable, elle songeait à adopter le fusil Henry-Winchester pour ses carabines.

— Pourquoi ne s'y est-elle pas décidée ?

— Parceque tenant beaucoup à la tension des trajectoires, elle voulait que le calibre fût réduit à 10 millimètres, et que la charge fut portée à 3 grammes 75. Ces conditions ayant été impossibles à réaliser par suite de la faiblesse de la culasse mobile, la commission a préféré le fusil Vetterlin.

Cette arme est du genre des fusils à aiguille avec cartouche métallique. Le magasin contient 14 cartouches ; c'est un canal situé le long et au-dessous du canon ; il débouche vis-à-vis d'un auget dont le mouvement d'ascension fait monter une cartouche nouvelle en fermant le magasin. Le fusil du calibre 10.5, pèse, sans cartouches, 4 kilogrammes 570 ; la cartouche, du poids de 31 grammes, est la même que celle du Milbank-Amsler; la balle a une vitesse initiale de 432 mètres, c'est-à-dire une des plus considérables. La trajectoire est la même que celle du Milbank. Quant à la rapidité du tir, elle est un peu inférieure à celle du fusil Henry Winchester.

Il y aurait de quoi composer un gros appendice à l'*Almanach des Adresses* avec les noms de tous ceux qui ont cherché dans l'arquebuserie un moyen de faire fortune aux dépens des gouvernements. Je ne puis cependant passer sous silence les noms de certaines armes, bien qu'elles n'aient pas été adoptées, soit à cause de leur délicatesse, soit à cause de leur prix. Mais, ou l'ancienneté de leur apparition, ou la justesse de leur tir, ou leur ingéniosité leur assure un rang distingué.

— Donnez-moi seulement leurs noms et les types auxquels il faut les rattacher.

— Il y a d'abord les armes se chargeant par la culasse avec cartouche et amorce séparées; tels sont le Chassepot modèle 1858, le Westley-Richards à âme octogonale, d'une justesse remarquable et dont la fermeture a quelque analogie avec le système Albini ; le Mont-Storms, le Manceaux-Vieillard qui donne un excellent tir, le Green, genre Chassepot, le Garcia, la carabine de rempart belge dont la balle a une énorme force de pénétration. Parmi les armes qui ont une cartouche portant l'amorce, on peut citer les fusils Rhode et Poppenbourg, genre Chassepot; parmi les fusils à cartouche entièrement métallique, les fusils Joslyn et Cooper. Le fusil Ball à répétition ressemble beaucoup au Spencer. Je ne mentionnerai que pour mémoire les armes destinées aux balles explosibles dont l'usage paraît devoir être réservé à la chasse, et qui forment une nombreuse catégorie. Il y aurait aussi le fusil à inflammation électrique. Puis cette étrange collection d'armes au rabais que vous avez pu voir aussi bien que moi à l'exposition universelle de 1867, sous les titres pompeux de : modèles des armées de LL. MM. II. et RR., les empereurs et les rois du Congo et de Ka-hin-ka-hu. Ce résidu de tous les mousquets d'Europe est badigeonné de rutilantes couleurs, orné d'un mécanisme extravagant par des industriels le plus souvent belges, et expédié aux pseudo-armées de roitelets sauvages entre les mains desquels il éclate.

L'impulsion que l'armurerie a reçue dans ces derniers temps a causé la rénovation de la fabrication des armes de guerre qui se traînait dans les ornières de la routine. Jusqu'à ces dernières années, le fer était surtout employé et les pièces étaient fabriquées à la main. Actuellement l'acier gagne du terrain, les tubes des fusils sont coulés, forgés et forés comme les gros canons, chaque élément de la culasse jaillit de la matrice d'une puissante machine. L'homogénéïté, la précision et l'économie s'en augmentent.

— Dans tout ce que vous m'avez dit, il y a deux faits qui me frappent particulièrement. Le premier est l'emploi des cartouches métalliques, sauf en France, en Prusse, en Russie et en Italie. Ces pays, si jamais ils songent à y venir, devront trouver avant tout un culot et un tire-cartouche convenable, ce qui nécessitera une nouvelle modification dans l'armement. (En France le problème a été résolu pour le fusil modèle 67). Le second est l'extrême diversité des types. D'ici à un avenir prochain, l'un des types actuels, sauf quelques changements de détail, établira si clairement sa supériorité qu'il sera adopté par toutes les nations comme arme de guerre.

— Je partage votre opinion. Il n'en est pas moins vrai que les différences actuelles ne modifient en rien les caractères généraux de l'arme qui sont : grandes portées, précision et rapidité dans le tir. Les portées, il n'est guère possible ni même utile de les augmenter indéfiniment, car la vue de l'homme a des limites. Il en est de même pour la rapidité du tir à laquelle la nécessité de viser plus ou moins imposera des bornes. Donc dès à présent le nouveau fusil a tellement dépassé l'ancien, qu'il va apporter dans la tactique un bouleversement radical.

— Ah, ceci commence à devenir intéressant!

— Illusion! illusion! J'ai même bien envie de quitter brusquement mon sujet, car je risque de m'embourber dans le marais de la technologie manœuvrière et de vous endormir...

— Vous plaisantez, quoi de plus instructif que l'exposé de cette science qui fait les grands généraux !

VIII

TACTIQUE NOUVELLE.

— La stratégie est la conception des grandes opérations de la guerre, basée sur la connaissance de la politique et de la géographie ; le génie des généraux est la seule règle à laquelle elle obéisse. Il ne m'appartient pas d'en parler. La tactique est une science plus humble que, selon les maximes de Napoléon « il faut changer tous les dix ans si l'on veut conserver quelque supériorité. » Son but est de suppléer au nombre par l'art, de prévenir les mêlées, de régler sur le genre des armes matérielles l'étendue des fronts, l'épaisseur des rangs, l'ordre de bataille, l'effectif et la composition des groupes indivisibles qui le constituent.

— En ce cas, la tactique serait très-perfectible ?

— J'en suis convaincu. Deux masses d'hommes agissent l'une contre l'autre par des procédés mécaniques. Plus l'outil qu'elles auront entre les mains sera savant, plus elles devront mettre d'art à s'en servir ; or, vous ne niez pas que le fusil moderne ne soit l'instrument le plus puissant et le plus parfait qu'on ait encore vu.

— Cela est acquis.

— Suivez la marche générale de la tactique, depuis les temps les plus reculés, et étudiez de quelle façon les armes ont influé sur elle. Vous en déduirez des lois rigoureuses que vous appliquerez au fusil. Nestor et Palamède…

— Passez à Crésus !

— L'ordonnance de son armée était, suivant Xénophon, de trente hommes de profondeur. L'armée des Germains était entièrement composée d'infanterie...

— Oui, *omne robur in pedite*, comme dit Tacite. Passez.

— L'art de travailler le fer, la multiplication des chevaux provoquèrent la formation de cette gendarmerie qui fût l'âme des combats au moyen-âge. Les Suisses formèrent les premiers, parmi les modernes, une armée nationale à pied. Ils avaient compris que la longue pique entre les mains de fantassins solidement agglutinés en ordre profond, serait plus redoutable que la lance du chevalier. Ils réussirent si bien, que jusqu'au commencement du dix-septième siècle, la pique resta leur arme exclusive, Cette solidité matérielle paraissait si précieuse que l'infanterie française à cette dernière époque n'avait encore armé d'arquebuses que les deux tiers de ses soldats.

— L'emploi des armes à feu avait augmenté la proportion de l'infanterie dans les armées?

— Sans doute, comme il amena encore l'amincissement des rangs. Toutefois, on n'avait pas encore compris la valeur du feu et l'avantage de réduire la profondeur des rangs afin d'y diminuer les ravages des balles. Pour que deux ou trois rangs puissent se servir d'armes à feu, il faut qu'ils marchent serrés; à la fin du seizième siècle, on ne savait pas cadencer le pas et les rangs étaient très-écartés. La cadence, chose qui vous semble toute simple, a été pourtant une innovation attribuée à Maurice de Saxe. Ce fut plus qu'une innovation, ce fut une révolution. Malgré cela, les troupes ayant le grand front que donne l'ordre mince, ne marchaient pas facilement en ordre, il fallait qu'elles se portassent en colonne d'un lieu à un autre et qu'à leur arrivée elles changeassent leur formation par un déploiement. C'est ce qu'elles ne surent faire que plus tard. Les déploiements furent perfectionnés, on peut dire inventés par Frédéric II.

Ayant peu de troupes, il s'est dit qu'elles devaient jeter beaucoup de feu et avoir beaucoup de jambes. Beaucoup de feu : il l'obtint par l'emploi de la baguette cylindrique qu'on n'avait pas besoin de retourner pour bourrer et qui permettait de charger le fusil trois fois en une minute, c'est-à-dire deux ou trois fois plus vite que l'adversaire d'alors. Les ploiements en colonnes et les déploiements en ligne de bataille fournirent la faculté d'aller rapidement produire un effort énergique sur un point déterminé. Si vous ajoutez à cela le fameux ordre oblique consistant à attaquer par une aile et à arriver sur l'ennemi par efforts successifs, vous aurez les trois principes fondamentaux de la tactique du roi de Prusse, principes repris par ses héritiers.

— Comment se fait-il que les disputes au sujet de l'ordre mince et de l'ordre profond aient duré tellement que les bouquins d'histoire militaire de la fin du dix-huitième siècle, en portent la trace, malgré l'engouement qu'on avait pour tout ce qui était prussien ?

— C'est que le mécanisme qu'avait imaginé Frédéric n'avait encore été que médiocrement appliqué par les Français. Nos soldats n'étaient ni assez bien armés, ni assez bien exercés, pour que leur feu fut aussi redoutable que leur irrésistible élan à la baïonnette. C'est au ministre Saint-Germain et à Guibert que revient l'honneur de la rédaction de nos règlements modernes sur les manœuvres.

— Les Anglais, du temps de l'Empire, démontrèrent pratiquement la prépondérance du feu sur l'arme blanche, si j'en crois les récits de nos guerres d'Espagne ?

— Ils y ont contribué, leurs aptitudes nationales les y aidaient, ils avaient comme ils l'ont encore, l'exercice, la discipline et l'aplomb.

— J'avais toujours pensé que si, au lieu de paralyser l'intelligence et l'initiative individuelles dans le rang, on les laissait se mouvoir librement, on obtiendrait des effets bien plus grands. Nos guerres d'Afrique apporteraient des preuves à l'appui de ce que j'avance.

— Elles ont eu, à un certain point de vue, un déplorable résultat. En développant l'intelligence et le courage, elles ont plongé dans le déscrédit l'éducation lente et méthodique qui est aux habitudes physiques du corps, ce que la discipline est à l'esprit militaire. Il faut que le fantassin soit tellement rompu aux manœuvres, qu'il garde son rang par une habitude invétérée, devenue en quelque sorte une seconde nature dominant l'instinct qui pourrait l'attirer ailleurs. Dans les masses compactes, bien encadrées, cette solidité est possible même au jeune soldat ; mais quand une troupe forme une longue ligne de tirailleurs, il faut que chaque soldat soit bien sûr de lui et de ses camarades qui sont à distance pour ne pas se débander au premier choc. Ce qui le prouve, c'est que les Arabes qui ne le cèdent en rien à nos soldats comme bravoure et qui leur sont souvent supérieurs comme intelligence individuelle de la guerre, ne tiennent pas devant nos lignes bien conduites. Il faut en chercher le secret dans le lien, moral, de discipline et surtout d'habitude tactique, qui attache chaque soldat à ses deux voisins de combat.

Quoiqu'il en soit, il est clair que si on parvenait à développer également ces deux qualités qui semblent s'exclure l'une l'autre, l'intelligence et l'initiative individuelle d'une part, la cohésion d'une formation solide de l'autre, on aurait trouvé l'idéal. C'est à quoi les Prussiens prétendent avoir réussi.

— Vous dites cela d'un ton peu convaincu.

— Il y a du pour et du contre ; on ne peut s'empêcher, en tous cas, de reconnaître qu'il nous ont précédé dans la voie, et que si nous espérons faire mieux, c'est grâce à eux. Supposez-vous, en 1865, alors que seuls ils avaient le fusil à aiguille, et suivez leur raisonnement : « Plus une troupe est nombreuse, plus elle se meut lentement ; donc, nous Prussiens, nous devons rendre l'unité tactique aussi petite que possible. Nous pouvons le faire puisque notre fusil, tirant quatre fois plus vite qu'un autre, un de nos soldat vaut quatre soldats ennemis. L'instruction de nos officiers est si excellente... »

— Est-ce vrai ?

— Très-vrai ; « et le moindre commandement à un si grand relief moral que nous sommes assurés que le commandant d'une compagnie isolée montrera constamment autant d'intelligence que de résolution. Donc, l'unité tactique devra être la compagnie.. »

— Quel est l'effectif d'une compagnie en Prusse ?

— 250 hommes.

— C'est considérable.

— Oui, mais cela permettait d'inaugurer un système tout à fait nouveau, savoir : Une compagnie prussienne de 250 hommes, commandée par un capitaine prussien, doit produire des effets équivalents à ceux que produit un bataillon dans une autre armée.

— Cette thèse est au moins patriotique.

— Dans cet ordre d'idées, ils se sont encore dit : « Au commencement de l'action, il ne faut engager que peu de forces ; si elles réussissent à repousser l'ennemi, tant mieux, elles seront en état de le poursuivre, laissons-les faire. Si elles s'arrêtent seulement, laissons-les encore combattre jusqu'à la limite extrême de leur énergie ; elles fatigueront l'ennemi qui ne sera plus aussi difficile à vaincre. Si elles sont trop faibles, il sera toujours temps de les appuyer. »

— Je vois là, quant au nombre des hommes à mettre en mouvement, des conséquences entraînées par la rapidité et la justesse du tir. Mais je ne vois pas quelle modification le fusil apporte dans la manière de combattre d'une compagnie.

— Le chef de la compagnie, confiant dans ses forces, aura des allures indépendantes. Afin de justifier cette initiative, il appliquera pour son compte le principe posé, de n'engager d'abord que le moins de monde possible. Donc, il destinera une fraction de sa troupe à marcher à 300 ou 400 mètres en avant de lui, le surplus restant sous sa main. Maintenant tout l'art de cette première fraction sera celui que définissait le maître d'armes de M. Jourdain...

— Donner et ne point recevoir !

— Précisément. Pour ne point recevoir, il faut que la ligne soit mince, car si vous vous rappelez le tir, c'est bien plus l'espace occupée en profondeur que le développement linéaire qui assure l'efficacité du tir de l'ennemi. Pourtant, comme la dernière dimension offre encore de la prise, il est possible d'en annuler les inconvénients en mettant des espaces considérables entre les soldats qui forment une chaîne de tirailleurs. Le capitaine prussien leur prescrit de se couvrir le mieux qu'ils peuvent par les accidents de terrain et de commencer le feu. Il doivent faire reculer d'abord les tirailleurs ennemis; la portée et la justesse supérieures du zündnadelgewehr (c'est en 1865) leur rendront cette tâche possible. Aussitôt qu'elle sera accomplie, ils se lanceront sur la première ligne et chercheront à la repousser.

— Et le reste de la compapnie les regardera faire?

— Tranquillement. Il est vrai que cela ne peut durer, car les tirailleurs, à moitié écrasés, finiront par se replier sur leurs camarades. Ceux-ci ont eu soin de prendre en arrière une formation plus solide; le capitaine les a mis sur deux rangs.

— A la rigueur, il eut dû les mettre sur un!

— Il n'a pas osé, car il ne se dessimule pas qu'il s'ouvrira quelques vides qu'il faudra combler, puis les fusils eussent été moins serrés.

— Cela aura encore l'avantage de dimininuer le front énorme qu'occupent 250 hommes!

— C'est justement là ce qui le chagrine, car il médite de tourner le flanc de l'ennemi, qu'il est bien décidé à déborder. Seulement une pareille manœuvre doit être prestement faite et au moment opportun; la ligne étendue de la compagnie n'est point commode à faire pivoter sur un point quelconque de sa longueur.

— Votre capitaine prussien a du trouver moyen de remédier à cela?

— Il est jaloux de soutenir la réputation des soldats du grand Frédéric et ne doute de rien. Il se croit imbu de la pensée du général en chef et appelé à concourir à l'exécution immédiate de ses conceptions. Il a vu le point faible de l'ennemi, il se l'est donné pour objectif et il a formé une colonne de compagnie composée de deux pelotons placés l'un derrière l'autre. Si les tirailleurs se replient, ils formeront un troisième et dernier peloton.

— Je conçois que comme cela les mouvements seront plus faciles.

— Le capitaine s'avançera jusqu'à trois ou quatre cents pas de l'ennemi, se déploiera vivement et exécutera un ou plusieurs feux de salves. Si ces salves ébranlent l'ennemi, il lancera de nouveau ses tirailleurs.

— Les pauvres gens seront bien essoufflés.

— Cette remarque est juste, elle me servira. Si l'ennemi tient bon, le capitaine marche en avant en faisant exécuter le feu à volonté, c'est-à-dire le feu rapide qui quadruple les forces de sa troupe.

— Enfin, l'ennemi peut résister, il faut une seconde compagnie.

— Vous sentez bien que lorsque l'ennemi est nombreux et occupe un front étendu, les Prussiens n'ont pas la fantastique prétention de l'attaquer avec une seule compagnie. Le bataillon à quatre compagnies est resté l'unité nominale, la compagnie est devenue l'unité réelle et on en lance le nombre jugé nécessaire. « Nos officiers, disent les Prussiens, sont tous familiarisés avec les grandes situations de la guerre, et en préjugent la solution. » On verra sur le champ de bataille beaucoup d'attaques partielles exécutées par des compagnies isolées ou groupées deux à deux, peu d'unité apparente, mais au fond une concordance parfaite de pensées et d'efforts. Vous riez ?

— Je songe à la fable des deux hydres, l'une à sept têtes et une queue, l'autre à une tête et sept queues.

— Moi aussi !

— Le système des Prussiens, étant d'engager à la fois le moins de forces possible, que font-ils de celles restées inoccupés ?

— Chez eux comme chez nous, la grande unité tactique est la division aux ordres d'un général. A la division, ils appliquent les mêmes principes qu'à la compagnie et la partagent invariablement en trois masses principales : l'avant-garde, qui doit engager le combat et en soutenir les premiers efforts ; le gros qui est en seconde ligne, et enfin la réserve en arrière. Chacune de ces lignes a un commandant particulier.

— Elles sont formées chacune d'une brigade ou d'un régiment.

— Du tout. Chaque régiment fournit son contingent à l'avant-garde, au gros et à la réserve.

— De sorte que dans chaque ligne, les corps sont mélangés et n'obéissent plus à leur chef ordinaire.

— Mon Dieu, oui.

— C'était bien la peine de donner à chaque régimeut une instruction longue et méthodique, familiarisant les soldats avec leurs chefs! Les Prussiens, gens si méticuleux, semblent avoir dans ce cas manqué de logique.

— L'inconséquence n'est qu'apparente, c'est une application rigoureuse à chaque régiment du principe de fractionnement en trois, mais alors les régiments se trouvant dans l'ordre dit : perpendiculaire, la portion en contact avec l'ennemi échappait au chef naturel, et il s'en est suivi la création des chefs de ligne. En outre, vous savez qu'en Prusse, un régiment est constamment, et en entier recruté dans la même province, et vous jugez les conséquences qu'aurait la destruction de l'un ou de plusieurs d'entre eux.

— La dépopulation d'une province ; ce peut être aussi une raison. Mais un autre fait me frappe. Au milieu des mouvements désordonés du combat, ce fractionnement excessif devra engendrer des mêlées pendant lesquelles tous les corps se confondront.

— C'est ce qui est arrivé pendant presque toute la campagne de 1866. Il en résultait que les colonels, les généraux de brigade, les généraux de division même, n'avaient plus leurs troupes dans la main et en étaient réduits à s'adjoindre au premier groupe venu.

— Pendant ce temps que deviennent l'artillerie et la cavalerie ?

— Le principe des éléments agissant par chocs successifs conduisait à rendre chaque élément un tout aussi fort que possible. Il fallait donc le munir de cavalerie et d'artillerie. En conséquence, les avant-gardes prussiennes sont composées de trois armes, de même les gros et les réserves.

— Tout cela me paraît assez bien combiné pour l'offensive. On a utilisé la rapidité du tir pour suppléer au nombre, la portée et la justesse de l'arme pour donner aux tirailleurs une action prépondérante. Mais aucun des procédés que vous avez mentionnés n'est applicable à la défense, dans laquelle une troupe doit avant tout éviter d'être rompue.

— Dans la défense, la compagnie, tout en restant l'unité tactique, varie son mode d'action. Les Prussiens, après avoir soigneusement choisi leurs positions, laissent l'ennemi s'approcher à 3 ou 400 pas, et le reçoivent par une ou deux salves. L'assaillant en est naturellement ébranlé ; alors les Prussiens exécutent le feu roulant à volonté, nommé autrefois feu de deux rangs et maintenant *feu rapide*. Pour le rendre encore plus écrasant, ils se sont formés quelquefois sur quatre rangs : les deux premiers à genoux, comme à Podol et à Tauberbischoffsheim.

— C'est une dérogation au principe de l'ordre mince.

— Elle serait fatale à un ennemi armé du fusil modèle 1866, dont les coups porteraient dans la masse.

— Ne croyez-vous pas que les lignes de bataille, fractionnées outre mesure, et donnant naissance à une foule de combats distincts qui en troublent l'ordonnance, peuvent devenir extrêmement dangereuses devant un ennemi déterminé à les rompre afin d'en écraser successivement les tronçons ?

— Les Prussiens eux-mêmes l'ont senti. Le général Steinmetz, qui commandait le 5e corps en 1866, n'a presque jamais voulu, tout en conservant les trois groupes divisionnaires, fractionner en compagnies, les bataillons.

Il formait ceux-ci en colonnes d'attaques, se déployant ensuite et agissant par des méthodes analogues à celles que j'ai décrites.

— Lorsque ces bataillons ont été attaqués par la cavalerie, et qu'ils se sont formés en carrés, la résistance a dû acquérir une grande énergie?

— Le carré tombera bientôt au rang des vieilleries. Durant toute la campagne de 1866, il n'y en a qu'un exemple du côté des Prussiens, à Langensalza. Grâce au feu rapide, les lignes ont toujours pu résister aux charges, ou au moins, ne pas être tout à fait rompues. L'infanterie y gagnait la faculté de reprendre une offensive redoutable, immédiatement après avoir repoussé le choc.

— Je m'explique à peu près la tactique prussienne, et il me semble que celle que nous devons adopter ne s'en éloignera pas sensiblement.

— Notre tactique ne doit pas prendre pour base la rapidité de tir. Le fusil français possède des propriétés dont il y a lieu d'étudier et de développer soigneusement les conséquences. Il n'est inférieur, pour la rapidité du tir, à aucun des fusils en usage dans les armées européennes, et il est supérieur à tous sous le rapport de la tension des trajectoires, de la justesse, de la portée et de la force de pénétration de la balle. On ne pourrait utiliser complétement ces divers avantages de justesse et de portée, si on maintenait en ligne régulière toutes les troupes; le soldat dans le rang a une position gênée, la fumée l'enveloppe bientôt d'un nuage, et il tire à peu près au hasard.

— Alors vous mettrez en avant, comme les Prussiens, un grand nombre de tirailleurs.

— Oui, bien que les motifs qui m'y déterminent soient un peu différents. Dès lors, un fait primordial est acquis; l'emploi des tirailleurs va prendre une immense extension. Une première conséquence en découle, c'est qu'on ne cherchera plus pour les champs de bataille des plaines unies favorables aux mouvements méthodiques des troupes, mais des terrains coupés et accidentés propres à abriter des hommes combattant avec une liberté d'action relative. Une seconde conséquence découlant de la justesse et de la portée du fusil 1866, c'est que nos tirailleurs ayant la faculté de tirer de plus loin que l'adversaire, devront tâcher de se tenir hors de la portée favorable de l'ennemi, afin d'utiliser la supériorité de leur arme.

Maintenant, je vais poser un principe contraire à celui des Prussiens, principe dérivant des lois de la mécanique générale, principe qui a réussi à Napoléon dans toutes ses opérations stratégiques et qui lui a fait gagner la plupart de ses batailles : « Il faut toujours, sur le lieu où le combat s'est engagé, être supérieur en force à l'ennemi. » Son premier avantage qui est de ménager toutes les chances de victoire, est évident. Le second est de ne pas épuiser la troupe engagée, à ce point qu'elle ne puisse plus servir. Supposez deux corps, le premier prussien et le second français, de six mille hommes chacun, l'un en face de l'autre. Le corps prussien sera divisé en trois groupes de deux mille hommes, le corps français en deux groupes de trois mille hommes. Le premier groupe prussien sera vaincu, épuisé par le premier groupe français, il sera remplacé par le deuxième, auquel on opposera le deuxième groupe français qui le vaincra et l'épuisera à son tour. Le troisième groupe prussien entrera alors en ligne, et le premier groupe français sera au moins assez refait pour lui tenir tête ; si ce troisième groupe prussien est battu, il ne restera plus que les débris des trois groupes à opposer au deuxième groupe français qui se sera reposé, et qui sera soutenu par ce qui restera du premier.

Cette hypothèse, entièrement théorique, n'a d'autre but que de faire comprendre ma pensée.

— Comme conséquence de votre méthode, la masse des tirailleurs à jeter en avant devra être considérable.

— Oui, un quart du bataillon, tandis que les Prussiens n'en mettent guère qu'un cinquième, à cause des réserves partielles qu'ils conservent. Cette supériorité numérique, jointe à celle du tir, forcera les réserves prussiennes à se porter très-promptement en avant.

— Eh bien ! elles s'élanceront contre vos tirailleurs et les repousseront.

— Pas loin. La portée et la tension de la trajectoire vont encore intervenir. La compagnie prussienne a dû se tenir au moins à 400 pas en arrière de ses tirailleurs pour être à l'abri des balles françaises. Le bataillon français, pour être hors de portée des balles prussiennes, n'a pas eu besoin de se tenir à plus de 300 pas de ses tirailleurs. Ceux-ci, en conséquence, seront repliés très-vite, et le bataillon pourra ouvrir un feu meurtrier pour les Prussiens avant que ceux-ci se soient approchés à la distance qui rendra leur feu également meurtrier pour les Français.

— Soit. Mais vous dites toujours : le bataillon français. La formation par bataillon est donc celle que vous préférez ?

— Oui ; mais celle en bataillons peu considérables, de 6 à 700 hommes. Des bataillons de 1,000 hommes, comme ceux des Prussiens ne seraient pas maniables. La disposition pour arriver sur le terrain sera la colonne double serrée en masse.

— Si j'ai bien compris les manœuvres que j'ai déjà un peu étudiées, la colonne double serrée est celle dans laquelle les compagnies des ailes sont repliées en arrière des deux compagnies du centre, en ne gardant que six pas de distance.

— C'est cela. Maintenant faites le calcul des distances *maxima* que les hommes qui se portent en ligne ont à parcourir; basez-le d'une part sur l'effectif 650 hommes d'un bataillon français formé en trois subdivisions de deux compagnies, et d'autre part sur l'effectif d'une compagnie prussienne de 250 hommes formée en colonne de deux pelotons, le deuxième derrière le premier. Vous verrez que tout le bataillon français ne mettra pas à se porter en ligne plus de temps que la compagnie prussienne ; les hommes de celle-ci ont 37 mètres à parcourir, ceux du bataillon 40.

— Qu'importe, si plusieurs compagnies se portent en ligne à la fois ?

— Remarquez que par suite de leur indépendance mutuelle, elles seront séparées par des espaces inégaux, ou placées à des hauteurs différentes, de là un avantage marqué contre une troupe unie, surtout si un peu plus tard on en arrive au choc à la baïonnette. De plus, les compagnies étant des unités faibles, on ne peut sans danger les espacer beaucoup, et, dans la marche, comme on craindra la formation d'ouvertures, il en résultera un resserrement et le raccourcissement de la ligne de bataille. Les bataillons, au contraire. offrant, par eux-mêmes, de la solidité, il n'y a pas inconvénient à exagérer un peu les intervalles, et par là on obtiendra une ligne étendue capable de déborder le front prussien.

— Vous ne formez qu'une seule ligne de bataille.

— Non, deux, c'est de règle, et leur emploi alternatif est très-avantageux. Quant aux réserves générales, elles sont de principe. Puis l'effectif énorme des armées modernes y conduit.

— Mais enfin, quelle que soit votre bonne appréciation du terrain et des distances, et l'infériorité du fusil prussien, votre première ligne et aussi votre seconde souffriront, même pendant les engagements des tirailleurs?

— Je les cuirasserai.

— Comment?

— Par les accidents de terrain et par une méthode que les armées américaines ont inaugurée. Je transporterai à la suite de mes troupes des outils de pionniers, et le soldat, aussitôt qu'il prendra position, se creusera un petit fossé de quelques centimètres de profondeur avec le déblai en avant, il s'y couchera à plat ventre et s'y abritera momentanément assez bien. Ce sera la *tranchée-abri*.

— Je ne suis pas bien convaincu que les oscillations du combat, les incertitudes naturelles des généraux, lorsque le moment décisif approchera, vous permettent d'en faire un bien fréquent usage.

— Je suis un peu de votre avis, je pense qu'on recourra de préférence aux plis de terrain et aux obstacles naturels. Il en résultera qu'en toute circonstance, il importera de gagner l'ennemi de vitesse pour s'emparer du terrain favorable. On ne pourra le faire qu'avec des troupes très-manœuvrières, appliquant des manœuvres extrêmement simples, rompues aux mouvements, d'ensemble des tirailleurs et portant beaucoup de cartouches légères comme la cartouche française, afin de n'être pas exposées à en manquer. On a cherché bien des moyens d'approvisionner l'infanterie pendant le combat, je n'en vois aucun qui me satisfasse, si ce n'est une giberne bien garnie.

La grande portée des armes empêchera souvent et même généralement deux ennemis de s'aborder de front, le plus agile réussira à prendre le chemin couvert qui le conduira sur l'aile de son adversaire. Quant à la tactique de la défense, elle consistera à se ménager de bons points d'appui dont les communications intérieures soient bien ouvertes, murs, jardins, rarement l'intérieur des maisons, et à se réserver pour le dernier moment la plus grande masse possible de feu rapide.

Enfin, l'organisation française préserve de la faute dans laquelle sont tombés les Prussiens qui soustraient des fractions de corps à leurs chefs directs pour les confier à une main de laquelle elles s'échappent. Nos lignes seront composées de régiments et de brigades. C'est une condition d'ordre et d'effet moral précieuse, car si les soldats se mélangent entre eux, ils n'en restent pas moins autour de l'officier qui les a toujours commandés. Puis, les compagnies d'un bataillon, pouvant se succéder en tirailleurs, elles se répartissent la fatigue qui s'accumule en entier sur le troisième rang des compagnies prussiennes.

— Dans tout cela, vous ne m'avez parlé que de l'infanterie agissant contre de l'infanterie. Je suppose que la cavalerie, qui n'a aucun moyen de lutter contre les balles, se sera tenue hors de portée. Elle ne pourra plus exécuter ces charges brillantes renversant rangs et carrés. Les cavaliers combattront entre eux, ou bien ils ménageront leurs chevaux pour la poursuite des troupes vaincues, ou bien, distraits de l'armée, ils iront exécuter au loin de ces coups de main hardis, de ces *raids* dont les fédéraux ont donné de si merveilleux exemples pendant la guerre d'Amérique. Dans tous les cas, je pense que l'adoption du fusil moderne va avoir pour résultat la diminution notable de la cavalerie, et surtout la suppression des cuirassiers.

— Je répondrai d'abord à cette dernière appréciation. Les cuirasses ont déjà disparu de la plupart des armées, et en vérité c'est bien fait, car la balle du fusil modèle 1866 les perce à 50 mètres. Maintenant, il est très-possible de soutenir qu'en France on doive y regarder à deux fois avant de décuirasser les *gros frères*. Ces hommes et ces chevaux si massifs ne pouvant être utilisés ni pour les *raids*, ni comme éclaireurs, ils doivent rester le marteau réservé à un coup décisif. On les allégerait peu en leur enlevant la cuirasse; or, par suite des modifications apportées déjà dans l'armement européen, et de l'adoption générale et prochaine des petits calibres, il n'y aura aucune balle qui perce la cuirasse française à 50 mètres. Il n'y a donc pas plus de raison de la supprimer maintenant qu'il n'y en avait en 1865. Son effet moral est réel, et les régiments qui la portent sont en nombre très restreint.

— Vous pensez donc qu'il ne faut pas se presser?

— Oui, parce que de tout temps l'emploi des cuirassiers a été exceptionnel, et qu'à un moment donné, ils peuvent rendre encore de très-grands services, surtout dans un combat de cavalerie contre cavalerie.

— Je me rappelle effectivement avoir lu dans un journal allemand que : « Le 26 juillet 1866, à Hettstadt, 20 escadrons bavarois et prussiens avaient combattu corps à corps avec beaucoup d'acharnement, qu'il y avait huit régiments de cuirassiers et que leurs pertes ne s'étaient élevées qu'à trois tués et vingt-cinq blessés, mais que tous les casques et toutes les cuirasses étaient défoncés par les sabres prussiens. »

— Ceci vous prouve combien les pertes de ces régiments eussent été plus considérables si les hommes n'avaient pas été si protégés. Quant à votre idée que les cavaliers seront réduits à se chercher entre eux, ils le feraient presqu'aussi bien à pied avec un fusil, et ce ne serait pas la peine de leur donner la vitesse au moyen d'un cheval. Leur rôle sera d'éclairer l'armée et de pousser des *raids* afin de rompre les chemins de fer, les lignes télégraphiques, d'enlever des convois et des détachements isolés.

— Comment agiront-ils lorsque ces détachements seront nombreux ?

— Ah, c'est alors que le fusil à répétition interviendrait avec avantage, entre les mains du cavalier. La troupe surprise, si elle est solide, ouvrira un feu rapide qui suffira à la défendre. La cavalerie, malgré la spontanéité de son apparition, aura rarement pu joindre le fantassin et le culbuter avec le poitrail de son cheval. S'il a une arme d'une portée médiocre, toujours prête et qui, sans avoir besoin d'être rechargée donne, tout-à-coup, au moment du choc, un feu plus rapide que celui du fantassin, il accablera celui-ci à courte distance et achèvera le reste avec le sabre.

— Cette thèse est soutenable, je n'en vois pas moins la cavalerie éloignée du grand champ de bataille par le fusil à longue portée, et par conséquent bonne à réduire.

— Au contraire. Les Prussiens augmentent en ce moment leur cavalerie, ils ont raison. Elle va prendre part au combat au centre même des coups de fusils, d'une manière plus directe que par le passé.

— Je n'en découvre pas la cause.

— Cette fois encore, il y a lieu de la rechercher dans le fusil, mais d'une manière indirecte. La nature du fusil a augmenté le nombre des tirailleurs, ceux-ci pourront souvent, par un motif ou un autre, se trouver, comme on dit, en l'air. Or, le plus redoutable adversaire du tirailleur, c'est le cavalier. Donc il faudra avoir des cavaliers sous la main pour les lancer. L'ancienne organisation qui consistait en divisions et même en corps séparés d'infanterie ou de cavalerie n'en fournirait pas les moyens.

— Je croyais que pendant la campagne d'Italie chaque division française possédait un escadron ?

— Seulement pour le service des éclaireurs, des escortes et des estafettes. Maintenant, il faudra que chaque division d'infanterie dispose au moins d'un régiment de cavalerie dont une partie restera en réserve. De cette façon, elle aura à la fois le pouvoir d'inquiéter les tirailleurs ennemis en assurant l'action des siens, et de paralyser ou de déjouer les tentatives de la cavalerie ennemie.

— Si votre cavalerie est à hauteur de l'infanterie les balles viendront l'inquiéter ?

— Sans doute, mais en la mettant hors de portée, on se priverait de ses services. On la tiendra en arrière à une petite distance, la masquant aussi bien que faire se pourra par des accidents de terrain. Le choix probable des champs de bataille mouvementés, fait en vue de l'action compliquée de l'infanterie, facilitera ces dispositions. La cavalerie se divisera, s'il le faut, son action contre les tirailleurs n'exigeant pas la masse.

— Elle chargera donc la plupart du temps en fourrageurs ?

— Oui, excepté dans les moments où le général en chef jugera à propos de la réunir dans la main du commandant de la cavalerie pour une action contre des troupes en désordre.

— Vous m'avez conduit à comprendre l'utilité de la division mixte, qui aura quelque ressemblance avec la légion romaine. Quant à l'artillerie.... ?

— L'artillerie, malgré sa puissance, ne peut se protéger elle-même. On lui donne souvent pour soutien, des chasseurs à pied, troupe employée à la fois comme troupe légère d'élite et comme réserve. L'artillerie choisit des positions et s'y porte avec promptitude. Elle a toujours été intimement liée à l'infanterie ; elle s'établit à sa droite ou à sa gauche, de manière à dominer légèrement, et son tir, à des distances énormes, prépare le feu de l'infanterie. La connexité des deux armes avait fait donner plus d'artillerie aux divisions d'infanterie qu'à celles de cavalerie. Maintenant on paraît très-séduit par une combinaison qui rattacherait plus particulièrement l'artillerie à la cavalerie. C'est ce qu'on a appelé le jeu combiné des deux armes. Voici en quoi il consiste : Une troupe ennemie éloignée s'avance en colonnes ; l'artillerie ouvre le feu sur ces masses ; celles-ci, pour diminuer leurs pertes se déploient et afin de hâter le moment où elles pourront faire usage du fusil continuent à marcher rapidement ; il en résulte un certain flottement : la cavalerie s'élance ; si la troupe ennemie s'arrête pour recevoir la cavalerie par le feu rapide, on en profitera pour gagner du terrain dans une direction favorable, comme par exemple pour déborder une aile ; si au lieu de s'arrêter, l'ennemi continue à marcher en reformant des colonnes qui résisteront mieux au choc de la cavalerie, l'artillerie recommence son feu, et les mêmes alternatives se reproduisent, jusqu'à ce que le chef le plus habile ait réussi à engager l'action définitive dans des circonstances qui lui assurent l'avantage.

— C'est ce que les joueurs appellent une martingale.

— A peu près ; mais plus d'un y échouera, car les effets du feu rapide en ligne, exécuté même en marchant, sont tels qu'ils annuleront souvent les efforts de la cavalerie.

Je n'ai pas eu la prétention de vous faire un exposé complet des méthodes que l'on cherche à inaugurer, et de vous en détailler le mécanisme, je crois toutefois vous en avoir donné un aperçu qui vous guidera dans vos études.

— Voulez-vous me permettre d'essayer de résumer notre longue conversation ? Le fusil actuel est une arme entièrement nouvelle qui laisse aussi loin derrière elle le fusil de 1840 que celui-ci dépassait l'arbalète. Sa jeunesse lui assure une longue existence, ainsi que le montre l'histoire du passé et la fécondité limitée de l'esprit humain. En France, on a réussi à donner au fusil des qualités qui le différencient des autres fusils européens, un tir plus tendu, une plus grande portée, plus de pénétration au projectile. L'arme nouvelle apporte des modifications à la tactique, la tactique française en particulier y puise des éléments de supériorité et de succès.

Les Prussiens sont partis du principe de la rapidité du tir qui faisait défaut à leurs adversaires. Les Français doivent s'appuyer sur la précision et les portées qui n'existent pas ailleurs. De là cette première règle : développer et réglementer l'emploi des tirailleurs ; cette seconde : constituer des divisions mixtes, où la cavalerie entrera par fractions ; cette troisième : toute troupe, quelle que restreinte que soit l'opération qui lui sera confiée, n'agira efficacement que composée des trois armes ; cette quatrième : la guerre de positions, de manœuvres et de mouvements tournants deviendra la plus fréquente.

— Vous avez parfaitement saisi ma pensée. Vous pourriez ajouter encore que les conditions de mobilité et de vitesse qui, dans le mouvement social et industriel sont le but de tous les efforts, prendront à la guerre un caractère de nécessité de plus en plus marqué à tous les points de vue.

— J'espère bien que dans d'autres conversations vous me parlerez...

— Mon cher camarade, pour un soldat surtout, *la vie est courte et l'art est difficile!*

Théodore Fix.

TABLE DES MATIÈRES

Pages.

Pagts

Paris. — Imp. Wiesener. — Lutier et Comp., rue Delaborde, 24.

www.ingramcontent.com/pod-product-compliance
Ingram Content Group UK Ltd.
Pitfield, Milton Keynes, MK11 3LW, UK
UKHW021552260726
13993UKWH00002B/791

9 782329 328942